# Analyse de Texte

PETER LANG
New York • Washington, D.C./Baltimore
Bern • Frankfurt am Main • Berlin • Vienna • Paris

# Analyse de Texte

## Théorie et Pratique

PAR

## Guy Mermier, Maurice Cagnon, et Yvette Boilly-Widmer

PETER LANG
New York • Washington, D.C./Baltimore
Bern • Frankfurt am Main • Berlin • Vienna • Paris

**Library of Congress Cataloging-in-Publication Data**

Mermier, Guy R.
Analyse de texte: théorie et pratique/ Guy Mermier,
Maurice Cagnon, & Yvette Boilly-Widmer.
p.   cm.
Includes bibliographical references.
1. French literature—Explication—Problems, exercises, etc.  2. French
literature—History and criticism—History, etc.  I. Cagnon, Maurice.
II. Boilly-Widmer, Yvette.  III. Title.
PQ53.M437   840.9—dc20   96-17012
ISBN 0-8204-3034-X (pbk.)

**Die Deutsche Bibliothek-CIP-Einheitsaufnahme**

Mermier, Guy R.
Analyse de texte: théorie et pratique/ Guy Mermier,
Maurice Cagnon, & Yvette Boilly-Widmer.
– New York; Washington, D.C./Baltimore; Bern;
Frankfurt am Main; Berlin; Vienna; Paris: Lang.
ISBN 0-8204-3034-X

Cover design by Wendy Lee.

The paper in this book meets the guidelines for permanence and durability
of the Committee on Production Guidelines for Book Longevity
of the Council of Library Resources.

À Martha, Catherine, Christine
Carlo, Ghislaine et Oona


À Cécile et Emmanuel

À M!racolosa et son Ennemi Mortel

To June, Gracious

# Acknowledgments

"Une goutte d'homme" by Jean Arp from *Le Siège de l'Air*, collection "Vrille," Paris, 1946. Published in *Jours effeuillés*, Éditions Gallimard, 1941. Reprinted by permission of Madame Jean Arp.

Excerpt from *Mort à crédit* by Louis-Ferdinand Céline. Copyright Éditions Gallimard. Reprinted by permission.

"J'ai toujours été en route" by Blaise Cendrars from *La Prose du Transsibérien et de la Petite Jehanne de France*, 1913. Reprinted by permission of Éditions Denoël.

"L'Inoffensif" by René Char from *La Parole en Archipel*. Éditions Gallimard. Reprinted by permission.

Excerpt from "Les Muses" by Paul Claudel from *Cinq grandes Odes*. Copyright Éditions Gallimard. Reprinted by permission.

Excerpt from *Plain-Chant* by Jean Cocteau. Copyright Éditions Gallimard. Reprinted by permission.

Excerpt from "L'Hymne à la liberté" by Paul Eluard from *Poésie et Vérité*. Copyright Éditions Gallimard. Reprinted by permission.

"Pour vivre ici I" by Paul Eluard from *Le Livre ouvert I*. Copyright Éditions Gallimard. Reprinted by permission.

Excerpt from "La Traversée" by Philippe Jaccottet from *L'Effraie et autres poésies*. Copyright Éditions Gallimard. Reprinted by permission.

Excerpt from "Le Lac" by Leconte de Lisle from *Derniers poèmes*. Copyright Éditions Gallimard. Reprinted by permission.

"L'Automne" by Jacques Prévert from *Paroles*. Copyright Éditions Gallimard. Reprinted by permission.

Excerpt from "Le Cygne" by Sully Prudhomme from *Les Solitudes*. Paris: Alphonse Lemerre, 1869.

"Bêtes" by Pierre Reverdy from *Plupart du temps*. Reprinted by permission of Flammarion et Cie.

"Guerre" by Pierre Reverdy from *Main d'œuvre*. Reprinted by permission of Mercure de France.

"Voyages sans fin" by Pierre Reverdy from "Sources du vent," *Main d'œuvre*, 1949. Reprinted by permission of Mercure de France.

"Plein Ciel" by Jules Supervielle from *Gravitations*. Copyright Éditions Gallimard. Reprinted by permission.

"Solitude" by Jules Supervielle from *Les Amis inconnus*, 1934. Copyright Éditions Gallimard. Reprinted by permission.

"La Goutte de pluie——(Dieu parle)" by Jules Supervielle from *La Fable du Monde*. Copyright Éditions Gallimard. Reprinted by permission.

Excerpt from *L'Arrache-Coeur* by Boris Vian. Reprinted by permission of Éditions Jean-Jacques Pauvert.

# Table des matières

# Avant-propos

## But du livre

Ce livre est une introduction à la méthode d'analyse textuelle. Son intention est de guider la lecture et la compréhension des débutants en littérature française, en mettant à leur disposition les termes techniques particuliers à l'analyse littéraire et en leur fournissant des exemples d'analyses textuelles très variées. L'originalité de l'ouvrage se trouve dans le fait qu'il unit une partie théorique à une partie pratique: l'étudiant aura ainsi toujours sous la main un instrument de référence (théorie) et un modèle de méthode (pratique).

Nous nous adressons d'abord aux étudiants des cours préparatoires à la littérature et, plus spécialement, aux classes d'analyse de textes ou d'analyse des genres. Grâce à sa présentation théorique initiale, l'ouvrage sert d'un compagnon d'étude à tous les niveaux et à toute personne qui voudrait raffiner son intelligence des textes.

L'étude de la méthode d'analyse textuelle doit aboutir à faire apprécier au plus juste les qualités esthétiques d'un ouvrage littéraire et, bien entendu, le génie créateur de l'écrivain. Notre espoir est que le lecteur de ce livre se sentira tenté de lire avec plaisir et profit d'autres exemples de la littérature; qu'il regarde ce manuel non comme un maître inflexible, mais comme un conseiller de lecture, et qu'il découvre librement sa propre vérité, son interprétation des textes.

## Présentation et intention pédagogique

La présentation théorique de l'analyse littéraire comprend deux chapitres principaux, les **Éléments fondamentaux d'analyse** et les **Genres littéraires** (la prose, le théâtre, la poésie). L'exposition sur la théorie ne prétend pas résoudre tous les problèmes, mais elle cherche à montrer aussi simplement et aussi nettement que possible les difficultés majeures qu'un étudiant pourrait rencontrer dans des textes. Moyennant ces deux chapitres et le **Lexique bilingue**, il apprendra également le vocabulaire fondamental de l'analyse, lui permettant ainsi d'aller plus avant dans son effort d'analyse technique et synthétique, qu'il appliquera tout naturellement aux textes plus vastes.

Dans un chapitre à la fin du livre intitulé **Extraits supplémentaires** nous donnons une suite d'extraits supplémentaires visant certains types de textes qui pourraient servir d'études comparatives/contrastives (voir par exemple, les poèmes de Verlaine et de Lamartine).

La présentation de la méthode pratique commence par un **Plan sommaire** pour rédiger l'analyse de texte. On trouvera aussitôt après un choix de poésie et de textes en prose expliqués. Les analyses modèles visent à montrer à l'étudiant comment peut se présenter la rédaction d'une analyse textuelle élémentaire. Rien n'est donné comme vérité suprême, bien au contraire. L'intention principale de ce livre est d'inviter l'étudiant à dialoguer d'abord avec l'analyse qu'on lui propose toute faite, puis à dialoguer de plus en plus seul avec le texte lui-même.

Afin de faciliter la mise en train de ce dialogue nous présentons donc d'abord des analyses complètes, puis des **Plans-guides** dans lesquels l'on ne donne qu'un squelette de marche à suivre, laissant au lecteur presque toute l'initiative dans un cadre donné. Lorsqu'il sera capable d'analyser un texte dans ces conditions, l'étudiant pourra s'aventurer tout seul. Mais afin de lui permettre de parfaire sa technique, nous donnons des textes assez voisins de ceux qui sont présentés comme modèles, et auxquels il peut se référer.


## Utilisation de l'ouvrage

Tout dépendra de la nature du cours et du niveau des étudiants.

Dans un cours d'analyse de textes on étudiera pendant les trois ou quatre premières semaines les chapitres sur la théorie. Dès la quatrième ou cinquième semaine on passera à l'étude pratique.

Nous suggérons que l'on étudie un seul genre à la fois, mais de toute façon, il est essentiel de commencer par les modèles analysés. Pour chaque leçon l'étudiant pourra examiner de près un texte et son analyse-modèle. En classe on commentera l'analyse donnée et, à partir de là, le professeur élargira la discussion en approfondissant l'analyse. On s'intéressera donc tout d'abord à la théorie, la partie pratique servant d'exercice graduel d'acquisition et d'assimilation.

Dans le cas des **Plans-guides**, les étudiants d'abord commenteront sous la direction du professeur le plan donné, puis ils devront préparer une analyse complète du texte correspondant. Les textes sans analyse seront utilisés pour renforcer la méthode d'analyse des différents genres. En guise de contrôle continu, on demandera aux étudiants de préparer des analyses textuelles sous forme écrite en adoptant le format du **Plan sommaire**.

S'il s'agit d'un cours de "Survey of French Literature," ou de "Readings in French Literature," par exemple, l'ouvrage sera utilisé essentiellement comme aide-mémoire et instrument de référence.

# ÉLÉMENTS FONDAMENTAUX D'ANALYSE

L'analyse d'un texte ne manque jamais de faire pénétrer le lecteur dans un milieu inhabituel, curieux ou fascinant. À un moment ou à un autre, le lecteur est "pris" par l'histoire contée; il est entraîné dans un monde nouveau, le monde de la fiction. C'est par ses différentes "formes de vie" que le texte a soudain prise sur le lecteur: il s'agit de la **vie des mots**. La phrase naît d'abord de la succession des substantifs, des adjectifs, des verbes et des adverbes, puis elle s'anime de rythme et convie enfin son message au lecteur. Ce sont ces différentes formes de vie que nous analyserons tout d'abord.

## Vie des mots

Pour comprendre ce qui fait la nature d'un style et ce qui contribue à son originalité, il faut étudier avec attention tous les éléments qui le constituent. Dans n'importe quel texte—soit une page, un paragraphe ou une phrase—la première chose qui frappe le lecteur est la succession des mots, le vocabulaire. Ces mots sont liés entre eux et ils sont aidés par la **syntaxe** et par le **rythme**. Ils passent ainsi de l'état de simples éléments d'expression à l'état d'expression littéraire, ou **style**. Or, tout style implique un certain effort de la part de l'auteur, la recherche d'une **valeur esthétique**. Tout auteur écrit parce qu'il veut dire quelque chose d'une certaine façon, parce qu'il a l'intention de produire un effet sur son lecteur, soit par le **fond**, c'est-à-dire par l'idée ou les idées qu'il propose, soit par la **forme**, c'est-à-dire par le pouvoir évocateur des images, des mots et de leur agencement—enfin par son **style**. L'auteur a donc certains moyens comme le vocabulaire ou le style pour atteindre chacun de ses buts, qu'il veuille plaire esthétiquement, convaincre ou décrire.

Afin d'aborder directement l'étude de la vie des mots, examinons et distinguons les trois textes suivants.

**Texte N°1**

Car enfin qu'est-ce qu'un homme dans la nature? Un néant à l'égard de l'infini, un tout à l'égard du néant, un milieu entre rien et tout. Infiniment éloigné de comprendre les extrêmes; la fin des choses et leur principe sont pour lui invinciblement cachés dans un secret impénétrable. Également incapable de voir le néant d'où il est tiré, et l'infini où il est englouti.

Que fera-t-il donc, sinon d'apercevoir quelque apparence du milieu des choses, dans un désespoir éternel de connaître ni leur principe ni leur fin? Toutes choses sont sorties du néant et portées jusqu'à l'infini. Qui suivra ces étonnantes démarches? L'auteur de ces merveilles les comprend. Tout autre ne le peut faire.

Pascal, *Pensées*, "Les Deux Infinis," 1670

**Texte N°2**

Sur les places désertes ... au loin quelquefois la fumée d'un sacrifice brûlant encore s'échappait par les tuiles de bronze, et la brise lourde apportait avec des parfums d'aromates les senteurs de la marine et l'exhalaison des murailles chauffées par le soleil ... les bancs de sable formaient *de* longues lignes roses, tandis qu'au-delà, sous les catacombes, la grande lagune salée miroitait comme un morceau d'argent. La voûte du ciel bleu s'enfonçait à l'horizon, d'un côté dans le poudroiement des plaines, de l'autre dans les brumes de la mer.

Flaubert, *Salammbô*, 1862

**Texte N°3**

Le feu semblait un être pur et fort que l'on tenait en respect, comme une bête cernée au fond de sa tanière, avec des chenets, des pincettes et des tisonniers ....Toujours prêt à se jeter hors de sa prison, à dévorer le tapis, les meubles, la maison détestée, il fallait le surveiller sans cesse, ne pas le laisser seul dans la pièce, refouler les tronçons brûlants qu'il envoyait quelquefois sur le marbre, parer ses étincelles meurtrières.

Green, *Léviathan*, 1929

Si nous lisons rapidement ces trois textes à la suite, et si nous nous arrêtons seulement aux mots (vocabulaire), nous ne remarquons aucune difficulté particulière dans le premier texte. Dans le deuxième texte l'expression *exhalaison des murailles* nous arrête, et dans le texte N°3 nous devons nous demander le sens et la signification d'une série de mots: *cernée, tanière, chenets, pincettes, tisonniers, refouler, tronçons, étincelles meurtrières.* Certes, nous pouvons aisément surmonter cette difficulté de vocabulaire en cherchant le sens des mots inconnus dans un dictionnaire. Mais attention! Les mots ont souvent des sens trop variés, pour se laisser toujours expliquer facilement. Prenons le cas du texte N°1 (**art de convaincre**).

Pascal essaie de convaincre ses lecteurs de l'infinie petitesse, de la faiblesse des hommes dans l'univers. Dans ce texte au vocabulaire relativement simple, nous sommes pourtant frappés par la nature abstraite des substantifs: *un néant, un tout, la fin des choses, l'infini,* etc., et par la qualité abstraite des adjectifs et des adverbes:

> infiniment éloigné
> invinciblement cachés
> incapable de voir le néant
> un désespoir éternel
> ces étonnantes démarches

Dans le cas de ces substantifs, de ces adjectifs et de ces adverbes, nous remarquons qu'il nous faut faire un effort d'imagination, qu'il faut nous transporter dans le monde des concepts pour saisir le sens profond de la pensée de Pascal.

Mais ces substantifs, ces adverbes, ces verbes et ces adjectifs sont liés entre eux par des groupes de mots, des **mots de liaison** qui jouent un rôle très important dans le transport des idées:

> car enfin
> qu'est-ce qu'un homme
> à l'égard du
> entre ... et
> que fera-t-il donc
> qui suivra

Ces groupes de mots qui sont pour la plupart au commencement des phrases ou des propositions, sont comme des *signes*, des appels de l'auteur à ses lecteurs. Ils ont ici une valeur d'insistance; ils servent à nous faire comprendre que Pascal veut attirer notre attention sur un certain problème dont la qualité est bien soulignée par les signes de ponctuation et, en particulier, par les points d'interrogation.

Nous pouvons facilement constater en examinant le texte de Flaubert que cet extrait du roman *Salammbô* ressemble bien peu à celui de Pascal. Flaubert, ici, ne cherche pas à convaincre; il veut suggérer et peindre (**art descriptif**). Ceci se voit au niveau du vocabulaire *concret* qui n'intéresse pas l'univers abstrait des concepts. Le vocabulaire est à dominante descriptive. Il est important de noter dans un texte l'**imagerie (qui fait appel) à sens multiples,** car elle peut colorer très différemment la signification ou y apporter des nuances nécessaires à la compréhension du texte et du contexte.

→[Rappel: la **vue** (adj, **visuel**); le **toucher** (adj, **tactile**); l'**ouïe** (adj, **auditif**); l'**odorat** (adj, **olfactif**); le **goût** (adj, **gustatif**]

> places **désertes**
> **fumée** d'un sacrifice **brûlant**
> tuiles **de bronze**
> **parfums d'aromates**
> l'**exhalaison** des murailles **chauffées**
> **voûte** du ciel **bleu**
> **poudroiement** des plaines

On remarque ici la présence d'un vocabulaire moins commun que dans le premier texte, de mots qui décrivent des objets plutôt exotiques. Il s'agit souvent de **termes techniques,** ce que l'on voit en se reportant au texte de Julien Green:

> **tanière**
> des **chenets,** des **pincettes** et des **tisonniers**
> **refouler** les **tronçons**
> **étincelles meurtrières**

Mais revenons au texte de Flaubert. Nous voyons tout de suite que les **mots de liaison** y jouent un rôle tout autre que dans l'extrait de Pascal. Chez ce dernier ils ont une grande valeur d'insistance. Chez Flaubert, au contraire, ils ne servent qu'à lier d'une manière presque neutre les éléments de la description. Leur fonction, pour ainsi dire, est de promener le regard du lecteur:

> **sur** les places
> **au loin** ... la fumée
> **au-delà**, sous les catacombes
> **d'un côté ... de l'autre**

Le texte de Green est de même nettement descriptif, pourtant la description y est beaucoup moins statique que celle de Flaubert. Ellè est, au contraire, dynamique car elle décrit la force et le mouvement du feu. On ne s'étonnera donc pas que l'élément dominant y soit le *verbe*, qui précisément traduit ces aspects:

> **dévorer** le tapis
> bête **cernée**
> **surveiller** sans cesse
> **refouler** les tronçons **brûlants**
> il **envoyait** ... sur le marbre
> **parer** ses étincelles

L'addition, l'accumulation des mots rend cette description évocatrice et cet arrangement des mots, leur succession, nous fait *sentir* le mouvement auquel tout contribue:

> être pur **et** fort
> **comme** une bête
> **de** sa tanière
> **de** sa prison
> **toujours**
> **sans cesse**
> le tapis, **les** meubles, **la** maison **détestée**

L'auteur évoque ainsi la rapidité, la brusquerie du feu. La ponctuation, comme dans le texte N°1, ajoute à cet effet. Les nombreuses virgules coupent les phrases mais ne les arrêtent pas. Un point briserait trop le rythme du morceau

L'examen des trois textes pris en exemple a permis de constater combien les mots que l'on rencontre à l'état neutre dans le dictionnaire prennent vie selon leur place dans la phrase et selon les rapports qu'ils ont les uns avec les autres et avec les locutions de liaison. C'est pour cela que nous sommes amenés à examiner maintenant la nature de ce rapport entre les mots, c'est-à-dire la **vie des phrases**.

## Vie des phrases

S'intéresser à la vie des phrases, c'est ni plus ni moins s'intéresser à la **syntaxe**, donc aux éléments secondaires de la phrase; ceux qui ont pour but de lier, de rapprocher, d'opposer, ou de juxtaposer les idées et les mots entre eux. Ces éléments (particules de liaison, conjonctions, pronoms relatifs, etc.) servent à organiser la phrase en un tout (unité), à communiquer au lecteur un sentiment de continuité ou de discontinuité, de symétrie ou, dans certains cas, d'asymétrie, d'équilibre ou de déséquilibre.

Ainsi, lorsqu'on étudie un texte, il est très important de remarquer l'ordre des mots, leur position dans la phrase. On peut se demander si l'ordre des mots est naturel, c'est-à-dire, s'il suit l'ordre normal de la conversation: sujet, verbe, complément(s). Exemples:

| Toutes choses | sont sorties | du néant (texte N°1) |
|---|---|---|
| 1 | 2 | 3 |
| La voûte du ciel bleu | s'enfonçait | à l'horizon (N°2) |
| 1 | 2 | 3 |
| Le feu | semblait | un être pur et fort (N°3) |
| 1 | 2 | 3 |

Si cet ordre n'est pas respecté, il se peut que l'auteur cherche à produire un effet spécial. C'est alors qu'il faut se poser certaines questions-clés: le **Quoi** du texte? le **Pourquoi** du texte? le **Comment** du texte?

**1.** Un **effet émotif** ou **intellectuel** ou **interrogatif**, comme dans la phrase suivante:

Car enfin qu'est-ce qu'un homme dans la nature? (N°1)

**2.** Un **effet de surprise**. C'est le cas d'une phrase qui débute par une longue expression adverbiale dont le rôle est surtout d'exprimer l'inattendu et l'insolite de l'action. Employant une forme de construction inversée l'auteur, dans ce but, rejette l'expression en tête de la phrase, en maintenant le sujet et le verbe dans leur ordre normal:

Toujours prêt à se jeter hors de sa prison, à dévorer le tapis, les meubles, la maison détestée, il fallait le surveiller sans cesse. (N°3)

Dans cet exemple l'expression adverbiale met en opposition la puissance capricieuse du feu (*toujours prêt*) et la vigilance permanente de l'observateur (*surveiller sans cesse*).

La place du *qualificatif* (par exemple, l'adjectif pour le substantif et l'adverbe pour le verbe) ainsi que la position initiale et finale dans la phrase ou dans la proposition sont souvent très importantes. Flaubert, qui dans le texte N°2 cherche à décrire, donne à l'adjectif la place que l'usage lui a généralement consacré en français:

> places désertes
> (*substantif + adjectif*)

Mais on voit au contraire dans le texte de Pascal (N°1) que l'ordre est l'inverse de celui de Flaubert:

> ces étonnantes démarches
> (*adjectif + substantif*)

C'est que Pascal a voulu à la fois insister sur l'étonnement et évoquer la *qualité* de la chose dont il parlait plus que la chose elle-même.

**3**. L'auteur peut aussi chercher **un effet affectif**:

> **sacrifice brûlant**
> **exhalaison** des murailles
> **poudroiement** des plaines ... **brumes** de la mer
> **prison**
> **dévorer** le tapis
> maison **détestée**
> étincelles **meurtrières**

Par effet affectif nous entendons l'effet produit par ce genre de mots à valeur de forte émotivité. Il ne s'agit pas de n'importe quelles étincelles, mais d'étincelles *meurtrières*. Or le mot *étincelles* en lui-même évoque tout de suite l'idée de menace. Dans le texte de Green, le narrateur veut nous alerter que ces étincelles sont porteuses non seulement de mort, mais d'assassinat. Voilà l'effet que l'auteur peut produire sur son lecteur: le surprendre en employant des termes d'affectivité immédiate, tels, dans le texte de Flaubert, les substantifs et les adjectifs notamment.

Mais nous ne saurions envisager ici tous les cas; l'essentiel est de comprendre que les phrases sont capables d'une grande *mobilité*, ce qui permet à l'auteur de communiquer une grande variété d'émotions, d'idées et de rythmes. Le phénomène de l'arrangement particulier des mots dans la phrase et des phrases entre elles révèle souvent les intentions profondes de l'auteur.

Il ne suffit toutefois pas de s'arrêter à la mobilité des mots. Il faut aussi examiner l'**articulation des phrases,** c'est-à-dire ce qui permet à la pensée d'avoir à la fois une *suite* et une certaine *unité de sens*, sinon le contraire. Reprenons comme exemple le texte de Flaubert:

> *Sur* les places désertes ... au loin quelquefois la fumée *d'*un sacrifice brûlant encore s'échappait par les tuiles *de* bronze, *et* la brise lourde apportait *avec* des parfums *d'*aromates les senteurs *de* la marine *et* l'exhalaison *des* murailles chauffées *par* le soleil ... les bancs *de* sable formaient *de* longues lignes roses, *tandis qu'*au-delà, *sous* les catacombes, la grande lagune salée miroitait comme un morceau *d'*argent. La voûte *du* ciel bleu s'enfonçait à l'horizon, *d'*un côté *dans* le poudroiement *des* plaines, *de* l'autre *dans* les brumes *de* la mer.

Dans ce texte nous insistons sur des **mots de liaison** importants: d'une part des prépositions (*sur, de, avec, par, sous, dans*), d'autre part des conjonctions (*et, tandis que*). Tous ces éléments contribuent à donner une vue synthétique de l'endroit que l'auteur décrit et assurent la *continuité* de la description. Une série de *mais*, au lieu de *et*, aurait, par contre, un effet de rupture rythmique et d'oppositions thématiques.

Le même effet est présent dans le texte de Green:

> Le feu semblait un être pur *et* fort *que* l'on tenait en respect, *comme* une bête cernée *au* fond *de* sa tanière, *avec des* chenets, *des* pincettes et *des* tisonniers ....Toujours prêt *à* se jeter hors *de* sa prison, *à* dévorer le tapis, les meubles, la maison détestée, il fallait le surveiller sans cesse, ne pas le laisser seul *dans* la pièce, refouler les tronçons brûlants *qu'*il envoyait quelquefois *sur* le marbre, parer ses étincelles meurtrières.

Si nous relisons maintenant le texte de Pascal (N°1), nous y relevons des éléments analogues à ceux que nous venons de rencontrer, mais aussi des éléments nouveaux:

> *Car enfin qu'est-ce qu'un homme dans la nature?* Un néant *à l'égard de* l'infini, un tout *à l'égard du* néant, un milieu *entre* rien et tout. *Infiniment éloigné de* comprendre les extrêmes; la fin des choses et leur principe *sont pour* lui invinciblement cachés dans un secret impénétrable. *Également incapable de* voir le néant *d'où* il est tiré, *et* l'infini *où* il est englouti.

Cette phrase est infiniment plus longue et plus complexe que celles des deux autres exemples, et pourtant, avec un peu d'attention, l'ensemble est clair et logiquement lié. Examinons un peu **comment** et **pourquoi**. *Car enfin* est à la fois un lien avec la phrase qui précède et aussi l'annonce d'une conclusion (*car / enfin*). Pascal est prêt à nous donner sa réponse au problème qu'il a posé: "Qu'est-ce qu'un homme dans la nature?" Il répond d'abord directement par trois qualificatifs: *un néant, un tout* et *un milieu*. Puis il poursuit son argumentation et qualifie l'homme par deux propositions adverbiales: *infiniment éloigné*; *également incapable*. Ces deux propositions, d'ailleurs, s'imposent davantage par leur construction parallèle:

> éloigné **de** comprendre les extrêmes
> incapable **de** voir le néant

De plus, la répétition dans le texte de *d'où ... et où* nous fait mieux sentir la profondeur de l'engloutissement de l'homme. Cette répétition contribue aussi avec les conjonctions à l'effet total d'écrasement (**effet accumulatif**):

> la fin des choses **et** leur principe
> de voir le néant ... **et** l'infini

Ici Pascal ne décrit pas. Il ne cherche ni ses mots ni ses idées, mais donne tout d'un trait, presque sèchement, des explications successives. Les phrases ses ne sont donc pas articulées, elles se succèdent. Citons par contraste ce texte d'Étienne Perier:

> Et ces personnes, *qui* sont aussi capables *qu'*on le puisse être de juger de ces sortes de choses, avouent *qu'*elles n'ont jamais rien entendu de plus beau, de plus convaincant, *qu'*elles en furent charmées, et *que* ce *qu'*elles virent de ce projet ....

On est frappé par l'accumulation des relatifs (*qui, que*). C'est un procédé de raisonnement réflexif, déductif ou narratif. Dans son texte cité ci-dessus, Pascal, au contraire, évite les embrayeurs (*qui, que*) qui alourdissent le texte de Perier.

La pratique des trois textes donnés en exemple permet de relever des **mouvements de phrase** très différents:

> **1.** Mouvement descriptif égal et mesuré chez Flaubert.
> **2.** Mouvement descriptif rapide chez Green.
> **3.** Mouvement déductif rapide chez Pascal.

C'est qu'il faut toujours considérer le vocabulaire et la syntaxe mais ne pas oublier la **cadence** du texte: elle participe aussi à la vie de la phrase.

### Cadence de la phrase

Les phrases peuvent varier presque à l'infini. On en repère de très courtes (**phrases brèves**) ou de très longues (**phrases périodiques**). Comme variations, on trouve des successions de phrases brèves ou, au contraire, une succession de phrases inégales. Il faut s'intéresser à cette science du *rythme*. Flaubert s'écria: "Tant pis pour le sens! Le rythme avant tout!"

Le mouvement de la phrase fait tout autant partie de l'expression que les mots. Écoutons Pascal en signalant les **pauses rythmiques**:

> Infiniment éloigné de comprendre les extrêmes /;/ la fin des choses et leur principe sont pour lui invinciblement cachés dans un secret impénétrable /./ Également incapable de voir le néant d'où il est tiré /,/ et l'infini où il est englouti /./

Cette phrase s'allonge, certes, mais elle ne fatigue nullement le lecteur: aucune impression de lourdeur. On est emporté au fil des mots par l'élan du raisonnement; il n'y a pas de brisure du rythme. Il en est de même chez Flaubert chez qui l'accumulation des membres de phrase qui se pressent ne donne pas l'impression de précipitation. Il n'y a pas de sautillement rythmique, pas de bousculade, pas de désordre. L'accumulation suggère une seule chose: le déferlement du crépuscule et de la nuit. Le rythme de la phrase est un moyen, un outil qui se conforme au sujet du texte, et reconnaissant cela, on peut mieux lire le morceau.

La phrase de Green a un rythme ni trop lent ni trop rapide, ni passionné ni monotone; relativement longue, elle suit le mouvement du regard et les tressautements des émotions.

**Expression totale**

Nous n'avons fait, jusqu'ici, que de toucher à certains cas. Nous avons présenté certaines possibilités d'analyse à un niveau très élémentaire. Ces remarques préliminaires sont essentielles, car il faut bien comprendre que tout texte est une chose *vivante* (vie des mots et des phrases) qui peut se décomposer en un grand nombre de parties égales ou inégales en longueur ou en importance. Il ne faut pas oublier non plus que chacune de ces *parties* analysées représente une portion de la **totalité du texte** qu'il faut revoir après l'*analyse* par un effort de *synthèse*, afin de pouvoir vraiment comprendre et apprécier les idées et l'art de l'auteur.

Nous avons constaté plus haut la mobilité de la phrase, donc la flexibilité du style. Ce dernier peut se plier aux désirs de l'auteur; c'est son outil principal. Il faut donc apprendre à distinguer les infinies ressources du style, ses qualités et tendances principales.

**1.** Le style est-il **objectif**? C'est le cas de certaines descriptions, des œuvres didactiques et scientifiques, de l'histoire.

**2.** Le style est-il **subjectif**? C'est un sujet aux multiples nuances, car la littérature est le plus souvent, en prose, en poésie et au théâtre, une expression très personnelle.

**3.** Le style est-il **pittoresque**? **imagé**?

**4.** Le style est-il influencé par des **figures de rhétorique**?

**5.** Quelle est la **valeur phonétique** du style? Tout texte étant exposé à la récitation, il faut donc être conscient de ses résonances et ses sonorités.

Reprenons maintenant ces divers points qui constituent les ressources fondamentales du style.

## Style objectif

C'est souvent le cas de la description de la nature, de l'*aspect* des objets, du physique ou de la physionomie d'une personne. Bien qu'il s'agisse la plupart du temps de décrire l'extériorité des choses, on peut également dépeindre, objectivement, des réalités intérieures, telles sensations, émotions, idées. Lisons ce passage de La Bruyère dans *Les Caractères*: "Giton a le *teint frais*, le *visage plein* et les *joues pendantes*, l'*œil fixe et assuré*, les *épaules larges*, l'*estomac haut*, la *démarche ferme et délibérée.*"

Nous observons la même fréquence dominante des adjectifs dans la prose de Chateaubriand:

> Deux *petites* collines, l'Anchesme et le Musée, s'élevaient au nord et au midi de l'Acropolis. Entre ces deux collines et au pied de l'Acropolis, Athènes se montrait à moi: ses toits *aplatis*, *entremêlés* de minarets, de ciprès, de ruines, de colonnes *isolées*; les dômes de ses mosquées *couronnés* par de gros nids de cigognes ....
>
> *Itinéraire de Paris à Jérusalem*, 1811

Il peut être question aussi d'un **passage didactique** (philosophique, ou scientifique ...), là où l'auteur veut persuader ou convaincre ou enseigner, tel cet exemple qui suit dans lequel on remarquera l'influence itérative des verbes:

> C'est tout récemment que nous *avons pu obtenir* des données précises sur le passé de la Terre et *connaître* l'âge des terrains par l'analyse chimique des minéraux radioactifs dans lesquels *se poursuit* imperturbablement, depuis leur formation, la transformation spontanée de l'uranium et du thorium en hélium et en plomb. Nous *savons* ainsi que l'apparition de la vie *remonte* à environ deux-mille millions d'années et que l'évolution dont nous *sommes issus a dû se poursuivre* sans arrêt pendant cette inconcevable durée.
>
> Paul Langevin, Préface de *L'Évolution humaine*

## Style subjectif

C'est le cas le plus fréquent. L'auteur, le narrateur, ou un personnage traduit un sentiment, un état d'âme, une vision de l'homme ou une conception du monde. Le style peut alors être **réflexif**, laissant parler la conscience, **narratif, symbolique** ou **allégorique**. Lisez ce passage de Théophile Gautier en réfléchissant à la valeur descriptive subjective des termes en italiques:

> Le soleil du midi *décochait* ses *flèches* de *plomb*, les vases *cendrées* des rives du fleuve lançaient de *flamboyantes* réverbérations; une lumière crue *éclatante* et *poussiéreuse* à force d'intensité, *ruisselait* en *torrents de flamme*, l'azur du ciel blanchissait de chaleur comme un métal à la *fournaise*; une *brume ardente* et *rousse fumait* à l'horizon *incendié*. Pas un nuage ne tranchait sur ce *ciel invariable et morne comme l'éternité*.
>
> *Le Roman de la momie*, 1858

Dans ce texte l'écrivain fait plus que décrire un paysage, il nous communique ses émotions. Lisez maintenant ce morceau de Jean-Jacques Rousseau et relevez les éléments subjectifs qui y sont exprimés:

> Le flux et le reflux de cette eau, son bruit continu, mais renflé par intervalles, frappant sans relâche mon oreille et mes yeux, suppléaient aux mouvements internes que la rêverie éteignait en moi, et suffisaient pour me faire sentir avec plaisir mon existence, sans prendre la peine de penser.
>
> *Rêveries d'un promeneur solitaire*, 1776-1778

Rousseau réfléchit sur les sentiments qu'il sent naître alors qu'il se trouve sur les bords du lac de Bienne. On ne peut rester insensible à la musicalité de ce passage, rendu vivant par le rythme de la phrase, qui est marqué d'abord par la ponctuation, puis par la variation ou répétition des sons, l'allitération: *flux ... reflux*; *bruit continu*; *sentir avec plaisir*; *sans prendre la peine* de *penser*.

L'apostrophe fait aussi partie du style subjectif. Il s'agit d'une figure de style par laquelle l'écrivain s'adresse en tout particulier à une personne, à un objet ou à une chose. Attribuer des traits humains à quelque chose d'inanimé s'appelle *erreur pathétique* ("pathetic fallacy"). Ainsi Lamartine dans *Le Lac* s'adresse au temps et dit: *Ô temps, suspends ton vol!*

Écoutons Pasteur parler à ses parents morts dans ce fragment du *Discours de Dole*: "Oh! mon père et ma mère! Oh! mes chers disparus, qui avez si modestement vécu dans cette petite maison, c'est à vous que je dois tout!"

Ces vers de Victor Hugo sont un autre exemple d'apostrophe:

Peuples! écoutez le poète!
Écoutez le rêveur sacré!
Dans votre nuit, sans lui complète,
Lui seul a le front éclairé.

*Les Rayons et les Ombres* I, "Fonction du poète," 1840

La subjectivité modifie l'expérience, c'est-à-dire la réalité (sensation ou perception), et la transforme. Ainsi, dans le sonnet *Voyelles* de Rimbaud, certaines lettres de l'alphabet ont des couleurs: *A* noir, *E* blanc, *I* rouge, *U* vert, *O* bleu. Baudelaire s'adresse à sa douleur qu'il personnifie (**allégorie**): "Sois sage, oh ma douleur, et tiens-toi plus tranquille ...." Il transfigure et mêle la réalité des sens: "il est des *parfums frais* comme des *chairs d'enfant* ...." (On remarque ici l'opposition inhabituelle des deux termes de la comparaison.)

Le style subjectif est d'une variété infinie, mais on peut tout de même le distinguer par quelques qualités saillantes:

La fréquence du pronom personnel *je* et des possessifs *mon, ma, nos,* etc. Lisons par exemple ce passage de Paul Valéry dans *Eupalinos ou l'architecte*: "*Je* regardais venir du large ces grandes formes qui *me* semblent courir depuis les rives de Libye ....Mais, *moi, je* jouissais de l'écume naissante et vierge."

Outre le *je* et le *moi*, il faut ajouter tous les éléments qui traduisent les émotions:

L'apostrophe: "Oh! *mon père*, Oh! *ma mère* ... / Oh! *ma douleur*."

Le rythme, la musique de la phrase: *Le flux / et le reflux / de cette eau / son bruit continu / mais renflé / par intervalles* ....

Le point d'exclamation.

## Style pittoresque

Il est pittoresque, par exemple, ce texte de J. J. Tharaud:

Vingt mille têtes de palmiers se balançaient à mes pieds, vingt mille aigrettes ou plutôt vingt mille faisceaux de sabres, de cimeterres recourbés, qui jetaient sous le soleil tous les éclats bleutés de l'acier. Au delà, à perte de vue, le soyeux tapis des sables, les dunes veloutées avec leurs flancs pleins d'ombre ....

*La Fête arabe*, 1912

Le pittoresque, ici, est un pittoresque *exotique*. Il est fait de plusieurs *images* qui sont là pour dépayser le lecteur, pour entraîner son imagination à la suite de celle de l'écrivain.

Cette discussion des diverses richesses de la phrase nous amène à parler maintenant des figures de style ou de rhétorique.

## Figures de rhétorique

### Allégorie (f)

C'est la continuation, l'amplification de la **métaphore** ou du procédé métaphorique, très généralement, une suite de métaphores relatives au même objet ou au même ensemble littéraire.

**1**. Une abstraction qui prend figure humaine (personnification) et qui est dotée d'attributs symboliques. (L'allégorie de la Justice est une femme debout qui tient un glaive d'une main et une balance de l'autre; un bandeau couvre ses yeux. *Glaive*, *balance* et *bandeau* sont des symboles.)

**2**. Un symbole animé prenant un très large développement (**métaphore filée** ou **suivie**) et se transformant en narration. (Victor Hugo dans *L'Expiation* présente une belle allégorie de la déroute.) L'allégorie peut se développer tout au long d'une œuvre. Ainsi dans le *Roman de la Rose*, la rose représente l'amour.

### Apostrophe (f)

L'apostrophe interpelle quelqu'un ou quelque chose. Elle peut être simple ou répétée (**anaphore**) comme dans l'exemple tiré de *Jean Christophe* de Romain Rolland: "*Musique* qui berças mon âme endolorie ...."

### Comparaison (f)

Elle rapproche deux idées, émotions ou objets avec des mots tels que: *tel*, *comme*. Exemple: "Sa figure / fraîche comme une première gelée d'automne ...."

### Euphémisme (m)

L'euphémisme atténue le mot pénible. Exemples: Il *a vécu* au lieu de: il *est mort*; ce n'était *pas gai* au lieu de: c'était *horrible*.

### Hyperbole (m)

C'est une exagération. Exemples: *rapide comme l'éclair*; il fait un temps *atroce* au lieu de: il ne fait *pas beau*.

### Litote (f)

C'est une façon modérée de parler, de dire moins pour faire entendre plus. Attention! à la différence de l'euphémisme, la litote n'atténue pas un aspect *pénible*. Exemples: *je ne te hais pas* signifie: *je t'aime*; ce n'est *pas mauvais* signifie c'est *très bien*.

### Métaphore (f)

C'est un procédé par lequel on transfère la signification propre d'un mot à une autre signification, par exemple, la *lumière* de l'esprit; *brûler* de désir. On rend ainsi des émotions ou des idées plus vives en prêtant à des objets une forme plus sensible (c'est-à-dire, qui fait appel aux sens). La métaphore est un aspect particulier de style. Cette figure de rhétorique permet de concrétiser une expression ou un mot abstrait. On dit: *il a soif* et ceci veut dire qu'il veut boire. Mais on peut aussi bien appliquer l'expression *avoir soif* à des idées ou des sentiments: *Il a soif de* (il désire la) *liberté, Ils ont soif d'indépendance.*

Voici deux autres exemples tirés du théâtre du XVIIe siècle:

> Racine: "tu vis naître *ma flamme*" (mon amour)
> Corneille: "il *a lavé* ma honte" (il a effacé ma honte; il m'a vengé)

Dans *Jean Christophe*, l'écrivain Romain Rolland dit: "Chaque mot faisait lever dans l'âme des *moissons de rêves*," c'est-à-dire une grande et riche quantité de rêves. On remarquera au passage combien *une grande et riche quantité de rêves* est long, lourd et inexpressif à côté de *moisson de rêves*.

### Métonymie (f)

La métonymie emploie le nom d'un objet pour un autre à cause des rapports évidents qu'ils ont entre eux. Par exemple:

> *Il a bu la mort* (effet) pour *il a bu le poison* (cause).
> *Cette femme est une mauvaise langue* pour *elle dit du mal des gens.*
> *Il est mort par le fer* (par *l'épée*).

*La ville* pour *les habitants de la ville.*
Exemples en anglais:   Lands belonging to the *crown.*
I spent the evening reading *Jane Austen.*
Action demanded by *City Hall.*

## Périphrase (f)

C'est une figure de style qui définit un objet par une ou des images empruntées à un concept différent. La périphrase emploie une expression plus longue au lieu d'une possible expression plus courte et simple, ou se sert d'une construction passive et négative au lieu d'une construction active et positive. Par exemple:

*La messagère du printemps* (l'hirondelle)
*L'astre des nuits* (la lune)
*Celui qui conquit la toison* (Jason)
*Le fabuleux métal* (l'or)
*Un mal qui répand la terreur* (la peste)
*La réponse est au négatif* (non)
*Je ne peux pas ne pas y aller* (je dois y aller)
*Cela ne me déplaît pas du tout* (j'aime bien cela)

## Synecdoque (ou **synecdoche**) (f)

C'est une forme particulière de la métonymie; elle se sert de la partie pour le tout. On dit par exemple:

*L'homme* est un roseau pensant (tous les hommes).
*Rome* (tous les Romains)
Trente *voiles* (trente bateaux)
Deux francs *par tête* (par personne)
Comment trouvez-vous mon *vison*? (manteau de vison)

Il y a bien d'autres figures de style; nous n'avons présenté que les plus courantes. Il faut maintenant aborder la question des sons, la phonétique du style.

## Phonétique du style

Il ne faut pas oublier que toute forme d'expression est l'expression d'un langage et que tout *signe graphique* (mot écrit) peut être "dit." Ceci implique l'émission de sons, donc une phonétique. Les mots écrits ont une valeur expressive propre, mais lorsqu'ils sont prononcés, ils acquièrent des valeurs nouvelles. En effet la voix donne plus de relief aux phrases, donc aux idées. Bien *dire* un texte, c'est plus que le lire, c'est lui donner une certaine valeur sonore, un certain relief (éloquence, rythme, émotion et musique).

Comme il est impossible de faire passer un disque ici pour faire entendre les altérations d'un texte par la voix, nous nous en tiendrons aux formes sonores graphiquement reconnaissables. Ainsi, dans toutes les langues il y a des sons qui paraissent agréables à l'oreille et d'autres qui ne le sont pas. C'est ainsi que Flaubert accordait une si grande importance à l'harmonie des sons qu'il composait et lisait à haute voix tout ce qu'il avait écrit.

*[C'est une excellente habitude fortement recommandée à tout lecteur.]*

En effet, il existe des harmonies négatives à éviter et d'autres plus ou moins voulues. Certaines même ont un but bien défini—imitatif, par exemple. En voici quelques types:

**Cacophonie** (f)

C'est un mélange désagréable de sons (mots ou syllabes). Dans les trois exemples qui suivent la cacophonie est due au hiatus—la rencontre de deux voyelles qui appartiennent au même mot ou à deux mots qui se suivent.

> Il alla à
> un trou où
> va à Albi

Dans le cas de "Ciel! si ceci se sait, ses soins sont sans succès," la répétition des mêmes sifflantes (/s/ /s/ /s/) est de prononciation difficile et produit surtout un effet plutôt pénible à l'oreille.

**Euphonie** (f)

C'est le contraire de la cacophonie, ou succession de sons harmonieux. Racine écrit: "Quels démons, quels serpents **traîne-t-elle** après soi?"

## Allitération (f)

C'est la répétition euphonique des mêmes lettres ou des mêmes syllabes, notamment au début de plusieurs mots en succession et généralement le résultat d'un effet sonore particulier recherché par l'écrivain ou le poète. Par exemple:

> Oh! que ma quille éclate!
> Où le jardin mélodieux ... dodeline
> Pour qui sont ces serpents qui sifflent sur vos têtes?

## Onomatopée (f)

C'est la formation de mots par harmonie imitative. C'est le cas de *glouglou* qui imite le bruit de l'eau ou du vin qui sort d'une bouteille. On peut citer encore le *tic-tac* d'une montre ou d'une horloge, le *froufrou* d'une robe.

L'onomatopée s'étend parfois à des phrases entières comme dans l'exemple suivant:

> Soudain venant de la jungle, de là-bas, de ce là-bas si près de moi, un atroce miaulement qui semble un signal: maintenant la jungle chasse.
>
> Ce sont des craquements des souffles, des poursuites: puis des plaintes, des halètements, des râles; des poursuites encore, et de nouveau le miaulement abominable. Mais le silence retombe, un actif silence traversé d'élytres. Autour de moi, le grésillement tenace des moustiques comme le bruit même de la fièvre. Le lac à présent. Des clapotis dans le cas. Quelque chose boit au pied de la terrasse: le large clapement régulier d'une bête qui a tué et qui lappe.
>
> Francis de Croisset, *La Féerie cinghalaise*, 1926

Dans ce bref passage, on note tous les mots qui évoquent des bruits: par exemple, *miaulement, halètement, grincements, grésillement, clapotis, clapement, lappe.*

Après ces notions élémentaires, il faut aborder de plus vastes problèmes parmi lesquels la notion de **genre littéraire** est primordiale. Il est absolument nécessaire que vous vous familiarisiez avec les caractères distinctifs des principaux genres littéraires que nous présentons ci-après. Par cet effort vous analyserez avec plus de précision les textes que vous aurez à expliquer; vous serez plus à même de reconnaître leur nature.

# GENRES LITTÉRAIRES

Les trois grands genres que nous distinguons en littérature—la **Prose**, le **Théâtre** ou Drame, et la **Poésie**—ont chacun des buts, des moyens et des caractéristiques propres. L'examen de ces buts, de ces moyens et de ces caractéristiques nous permet le classement des sujets littéraires, mais pour éviter l'arbitraire il faut toujours tenir compte de l'évolution des genres à travers les âges. C'est ainsi que l'épopée, comme la *Chanson de Roland* par exemple, fut longtemps écrite en vers au Moyen Âge avant de prendre la forme de la prose avec le *Télémaque* de Fénelon (XVIIe siècle) et avec les *Martyrs* de Chateaubriand (XIXe siècle). À lui seul, le théâtre romantique au XIXe siècle avec les pièces de Victor Hugo, d'Alexandre Dumas, d'Alfred de Vigny et d'Alfred de Musset offre des caractéristiques qui appartiennent en même temps à l'épopée, au lyrisme et au drame. Il faut donc faire très attention à la période de composition de l'œuvre. Les genres sont liés, qu'on le veuille ou non, à ce moment historique où ils ont vu le jour. Toute œuvre, si impersonnelle soit-elle, participe nécessairement à l'évolution de la civilisation dont elle est le produit. On peut naturellement analyser avec fruit un texte en ignorant son histoire littéraire, mais nous recommandons vivement à ceux qui n'ont pas l'expérience de l'analyse des textes d'avoir recours approprié à l'histoire littéraire qui leur évitera bien des erreurs.

Les genres littéraires dont nous parlons possèdent assez de points communs pour que nous puissions généralement les définir. Ils se distinguent d'abord par une certaine **forme** (prose, vers), un **rythme** particulier et un **ton** qui est sérieux ou comique, tragique, burlesque ou baroque. Nous étudierons d'abord la Prose, puis le Théâtre, et enfin la Poésie et l'art de la versification.

*[Il faut cependant tenir compte que tout ce qu'on peut lire au sujet d'un auteur n'est pas nécessairement applicable au livre ou à l'extrait qui*

*fait l'objet d'une étude. Des commentaires de texte ne sont valables que s'ils sont spécifiquement pertinents à un livre ou à un extrait.]*

## Prose

Le dictionnaire *Larousse* donne comme définition de la prose: *Manière de s'exprimer qui n'est pas assujettie comme la poésie, aux lois d'une mesure et d'un rythme réguliers.* Toutefois, rien n'est plus difficile à analyser et à définir que la prose, justement à cause de sa grande variété. Il est possible de reconnaître de nombreux niveaux de prose, dont, à titre d'exemples, la **prose romanesque**, la **prose historique**, la **prose épistolaire**, la **prose oratoire**, la **prose didactique**.

### Prose romanesque

Le cas de la prose romanesque est celui que l'on rencontre le plus souvent. Il s'agit de la narration en prose, du roman, du conte ou de la nouvelle. Si l'on doit expliquer tel fragment d'un texte, comment en reconnaître le genre? À quels symptômes? Et à quel domaine du genre a-t-on affaire? S'il s'agit du **roman**, c'est une narration en prose, un récit au cours duquel l'auteur fait la peinture de personnages, de milieux sociaux ou de mœurs. Cette peinture peut être *réelle* ou *fictive*. L'auteur peut se contenter de décrire la réalité, mais le plus souvent il invente. L'intérêt surgit de la description psychologique, c'est-à-dire dans l'analyse du **caractère** des **personnages** *(ne pas confondre les deux termes!)* aux prises avec eux-mêmes ou avec certaines situations.

On pense tout de suite aux romans de Balzac: *Eugénie Grandet, Le Père Goriot*, par exemple. Dans certains cas, l'auteur insiste sur les rapports des personnages avec le milieu dans lequel ils vivent. Le roman est alors psychologique, comme *La Princesse de Clèves* de Madame de Lafayette, *Suzanne et le Pacifique* de Jean Giraudoux et *L'Empire Céleste* de Françoise Mallet-Joris, ou réaliste comme *Madame Bovary* de Flaubert. Certains romanciers, tel Camus dans *L'Étranger*, dépassent le réalisme et voient une forme de déterminisme, ou fatalité, dans la réalité. D'autres étudient les hommes et les choses, les caractères et les milieux comme des éléments d'expérience scientifique dans un laboratoire. On pense alors aux romans naturalistes d'Émile Zola: *L'Assommoir, Germinal*.

**Prose historique**

Si le romancier fonde sa fiction, c'est-à-dire les aventures qu'il narre, sur des faits réels, on a affaire à un **roman historique**, tels que *Pélagie-la-Charrette* d'Antonine Maillet, *Ségou* de Maryse Condé, ou *Mémoires d'Hadrien* de Marguerite Yourcenar.

Plus rarement, mais quelquefois, on rencontre des romans dits **picaresques** qui s'intéressent à la vie d'aventuriers célèbres, de bandits ou de simples individus évoluant à travers plusieurs milieux sociaux: *Gil Blas de Santillane* d'Alain-René Lesage, et peut-être même *Voyage au bout de la nuit* de Louis-Ferdinand Céline dans lesquels l'intérêt des aventures du héros provient des frictions qu'il produit dans la société dont il refuse les valeurs.

Il y a aussi des romans qui attirent l'attention surtout par certains aspects de l'analyse psychologique. C'est un **roman à base autobiographique** qui cherche à recréer de l'intérieur l'évolution d'une vie ou d'une âme. On peut citer comme exemples *René* de Chateaubriand, *Adolphe* de Benjamin Constant, *Prochain Épisode* d'Hubert Aquin, *L'Amant* de Marguerite Duras et *Moïra* de Julien Green. Ici l'auteur s'accroche à lui-même et ne cherche pas à créer une nouvelle réalité romanesque. *À la recherche du temps perdu* de Marcel Proust n'est par exemple pas un roman autobiographique, mais une création romanesque originale à fondement autobiographique. Les **confessions**, comme *Les Confessions* de Jean-Jacques Rousseau, sont une forme de roman autobiographique, même si la fiction vient colorer la réalité. On songe entre autres à *L'Immoraliste* d'André Gide et au *Nœud de Vipères* de François Mauriac.

Le genre **journal** est aussi une forme de **roman d'intrigue psychologique** s'intéressant au moi, à l'âme des personnages, vus de l'intérieur et peu déterminés par les objets extérieurs: *La Nausée* de Jean-Paul Sartre est un journal de même que le *Journal d'un curé de campagne* de Georges Bernanos ou que *La Symphonie pastorale* de Gide. Il s'y agit de confessions intimes mises sous la forme de récits.

**Prose épistolaire**

Reste encore le genre **épistolaire** (roman par lettres) dans lequel l'intrigue se noue autour d'une correspondance vraie ou fictive. Dans le premier cas, on pense aux *Lettres* de Madame de Sévigné à sa fille, ou aux lettres de n'importe quel écrivain à sa famille, à ses éditeurs ou à ses amis.

Dans le deuxième cas, on peut citer *Les Liaisons dangereuses* de Choderlos de Laclos, *La Nouvelle Héloïse* de Rousseau, les *Lettres Persanes* de Montesquieu.

Cependant tout n'est pas simple. Nous avons mentionné *La Nausée* de Sartre sous la rubrique "journal" (nous aurions pu en parler également comme "confession") et c'est juste, mais ce n'est pas suffisant. Il faut ajouter que ce roman appartient aussi à la catégorie des **romans à thèse** ou **romans philosophiques**. Ces romans qui ont été écrits pour prouver quelque chose ont donc l'intention d'instruire ou de moraliser. On conçoit qu'une grande partie de la littérature moderne dite "existentielle" (Sartre, Simone de Beauvoir) pourrait se situer dans cette catégorie, peut-être même *Les Faux-Monnayeurs* de Gide et *La Condition humaine* d'André Malraux. Le roman nous échappe dès que l'on essaie de le définir et l'analyse de texte est souvent le seul moyen d'apprendre la vraie nature de l'œuvre littéraire.

À côté du roman proprement dit, il existe des récits moins développés, tels que le **conte** et la **nouvelle**. Le conte est un court récit d'aventures réalistes ou imaginaires qui se passent dans une atmosphère fantastique ou merveilleuse, ou au contraire, dans un cadre très réaliste. Nous pouvons citer les *Trois Contes* de Flaubert, les contes de Guy de Maupassant (*Boule-de-Suif*, par exemple), ou *En toutes lettres* de Louise Maheux-Forcier.

La nouvelle est un récit qui se distingue du conte par l'absence de fantastique et de merveilleux. Elle vise à évoquer la vie réelle en s'intéressant comme le roman, mais d'une façon fragmentaire, à la réalité psychologique. Comme exemple de nouvelles, on peut nommer de Prosper Mérimée *Mateo Falcone* et *Carmen*, de Voltaire la nouvelle de *Jeannot et Colin* et les nouvelles de Sartre comme *Le Mur*; également les nouvelles d'Eugène Ionesco, d'Alain Robbe-Grillet et les récits de Jules Supervielle.

### Prose oratoire

On pense tout de suite aux œuvres souvent polémiques de la littérature religieuse, notamment à l'éloquence de la chaire, et donc aux **oraisons funèbres** ou aux **sermons** comme ceux de Bossuet. Mais il peut s'agir tout aussi bien de **prose oratoire politique** ou **militaire**, comme les discours de Napoléon ou ceux du Général de Gaulle. En outre il faut citer la **prose judiciaire** des plaidoyers et, si l'on veut, la **prose académique** des conférences et des causeries. Cette prose oratoire cherche à louer, à attirer, à convertir ou à convaincre. Elle fait appel à tous les éléments de la rhétorique du style et de la syntaxe; elle cherche la gravité, la majesté et la distinction—à moins qu'elle ne cherche au contraire à s'abaisser dans le familier et même le vulgaire pour s'adapter au public auquel elle s'adresse.

Outre les figures de rhétorique, la phrase oratoire a généralement un rythme plus marqué que la phrase du roman ordinaire; elle a pour moule la parole et est donc faite de cadence et d'ampleur. Elle s'allonge, s'arrête, puis repart; elle se répète selon le besoin, suivant les nécessités de celui qui parle. Michel de Montaigne marchait toujours en écrivant, aussi sa phrase a-t-elle l'allure oratoire dans toute sa variété rythmique. On reconnaîtra le genre oratoire dans les éloges ou panégyriques et dans les chants lyriques enthousiasmés ou dithyrambiques. Il arrive même qu'un écrivain s'adresse à la nature, aux arbres, aux oiseaux, et qu'il personnifie des êtres inanimés. C'est l'ensemble des figures de rhétorique qu'on appelle **prosopopée**, procédé qui prête des sentiments ou des paroles à des êtres inanimés, absents ou morts, et qui s'utilise plus fréquemment en poésie qu'en prose. Lorsqu'elle est réussie, elle confère une allure solennelle à l'expression de l'écrivain et du poète.

Une autre forme de prose, importante à l'art littéraire, est représentée dès l'antiquité et le Moyen Âge par les **chroniques** (Froissart, Joinville), les **annales** et l'**hagiographie** (vies de saints) dans ce qu'elle a de révélateur pour l'histoire. À la différence du roman historique, le chroniqueur, lorsqu'il fait de la fiction n'a pas l'intention d'en faire; il croit à ce qu'il dit. Des œuvres comme *Le Génie du Christianisme* de Chateaubriand ou comme l'*Histoire de la conquête d'Angleterre* d'Augustin Thierry sont à la fois de l'histoire romantique et des romans historiques. À part cela il existe une histoire "vraie," édifiée sur des faits, scientifiquement établie, sans "roman": il est question alors de la **prose didactique**, notre dernière classification, si l'on excepte le théâtre en prose.

### Prose didactique

Ce terme *prose didactique* est bien vague, et s'il est vague c'est qu'il recouvre une immense variété de sujets: les œuvres d'enseignement (**traités scientifiques** et **d'érudition**), le **journalisme**, et la **critique littéraire**. Le terme comprend aussi le **pamphlet** (*Les Provinciales* de Pascal, les pamphlets de Voltaire ou de Céline) et la **parodie**, comme celle qui se trouve chez La Bruyère ou Raymond Queneau (*Exercices de style*, œuvre qui est aussi un **pastiche**, imitation d'une manière d'écrire, d'un style pour s'en approprier certains effets ou pour servir à des fins parodiques). L'**ironie** entre également en jeu. Forme de raillerie, c'est une figure de rhétorique par laquelle on dit le contraire de ce qu'on veut faire entendre.

Il y a de plus la **satire** et la **caricature,** qui de tous les genres, sont les plus mordants; ils attaquent, ils exposent sans pitié, par l'accentuation des traits, les défauts, les ridicules d'un personnage, d'un milieu ou d'une société. Parfois lyrique (chez Jean Giono) ou comique (chez Marcel Aymé), la satire est le plus souvent amère, moqueuse et violente (Calixthe Beyala, J.M.G. Le Clézio, Marie-Claire Blais, Samuel Beckett, Agota Kristof ...).

Le journalisme et la critique littéraire peuvent avoir les mêmes caractéristiques, mais ils sont généralement moins caustiques que la satire. Ils peuvent exposer ce qu'il y a de bien tout en gardant leur objectivité, leur esprit et leur humour; ils peuvent parler avec moins de passion que la satire. Les véhicules de cette dernière sont nombreux: la prose, la poésie et même le théâtre, qu'il nous faut maintenant examiner.

## Théâtre

Le genre théâtral est représenté en prose comme en vers. Destiné au divertissement des gens, il peut être sérieux, comme dans le cas de la **tragédie,** ou comique comme dans la **farce** et la **comédie.** Il n'est d'ailleurs pas rare de trouver des pièces où sérieux et comique coexistent; c'est le cas de la plupart des comédies de Molière par exemple, ou des "pièces roses" et des "pièces brillantes" de Jean Anouilh. En outre, bien des pièces du théâtre de l'absurde soulignent les contradictions inhérentes à la vie quotidienne et représentent le double aspect comique et tragique de l'existence humaine.

Les genres dramatiques sont en effet nombreux et variés, d'où, encore une fois, des difficultés de définition. À son origine, le théâtre était en vers, mais, au cours de son évolution, il a été aussi écrit en prose (Molière, Marivaux, Nathalie Sarraute, Boris Vian, Fernando Arrabal ...). Ainsi, bien qu'il ne faille jamais négliger l'étude de la forme, cette dernière ne sera pas le facteur déterminant dans l'évaluation d'une pièce.

L'originalité du théâtre se cherchera d'abord dans le **jeu des person-**

**nages,** dans leur façon de vivre et d'agir sur la scène et de parler devant un public, les spectateurs.

Le théâtre, c'est justement l'art de donner l'illusion de la vie, du réel, par l'intermédiaire d'un *spectacle*. C'est pourquoi le **metteur en scène** a une importance considérable à côté de l'auteur de la pièce et des acteurs. C'est lui qui met le texte en mouvement, qui interprète l'action et qui traduit en spectacle la conception de l'auteur.

Le théâtre, comme les autres genres, et même plus directement, offre au public la distraction, l'illusion, l'émotion et le plaisir. Le théâtre fait rire, il touche, il fait craindre et il fait pleurer. Les termes tragédie, tragi-comédie et comédie sont parfois insuffisants pour évoquer la diversité des émotions contenues dans une pièce de théâtre.

### Comédie

La comédie est très généralement la représentation des ridicules, des faiblesses et des travers ou des défauts humains. Elle peut être une simple **farce** faisant rire par son côté extérieur, c'est-à-dire par le côté spectacle (gestes, mimiques). De Molière et Pierre Corneille à Marcel Achard et à Beckett, le propre de la farce est un comique d'actions exagérées (quiproquos, malentendus, coups de bâton, cris, insultes, etc.) et parfois un comique de dialogue (répétitions, interruptions). Mais c'est surtout un comique scénique (scènes de colère, d'ivresse, de folie; chutes et grimaces).

La **comédie de mœurs** et **de caractère** s'intéresse sensiblement moins à ce qui se passe sur la scène, davantage à ce que disent les personnages, à ce qu'ils pensent et ressentent. L'intériorité compte beaucoup plus que l'extériorité. Il est souvent difficile de distinguer le comique du tragique; ainsi *L'Avare* de Molière est une pièce drôle par certains côtés, mais quand on s'aperçoit que le héros est un véritable tyran pour sa famille, le comique bascule au tragique et risque de ne plus faire rire. De semblables préoccupations assombrissantes marquent *En attendant Godot* de Beckett, par exemple, et les pièces de Jules Romains et de Jean Cocteau, de Giraudoux et de Jacques Audiberti.

### Quelques conseils pour étudier une comédie

**1.** La valeur dramatique de l'action et de l'intrigue.

**2.** La valeur dramatique des situations.

**3.** La valeur et la force des émotions ou des passions en présence; la psychologie des personnages.

**4.** Le comique, ses différentes formes: gestes, paroles, situations etc. Comment l'auteur exprime-t-il ce comique? Par un monologue, un dialogue, des jeux de scène avec plusieurs personnages? Remarquez si les personnages profèrent des injures, s'ils jettent des cris ou se menacent. Ayant saisi le jeu comique, étudiez le comique au niveau des mots et des phrases sans oublier le rythme. Toute pièce est menée à des rythmes très variés; le tempo d'une scène de dispute, s'il est tant soit peu exagéré, participera autant au comique que les gestes ou que les mots.

**5.** Enfin quelle est la nature du comique? On se demandera par exemple, si son principe est uniquement le rire ou s'il est plutôt didactique ou moral.

## Tragédie

La tragédie est une représentation sérieuse dont le sujet est le plus souvent une suite de malheurs se terminant de façon funeste. Elle traite d'un conflit entre des personnages aux passions diverses, propres à exciter la terreur ou la pitié, selon la célèbre formule aristotélicienne. Certains contrôlent parfaitement leurs passions; d'autres, au contraire, en sont incapables et précipitent la crise finale, le paroxysme que l'on appelle ordinairement le **dénouement**. C'est à ce moment que l'auteur termine comme il le veut le développement psychologique qu'il a déchaîné sur la scène.

Le développement psychologique des passions et la présentation des situations agencent l'**intrigue**. Ce sont les éléments qui constituent la trame de la pièce et qui suscitent les émotions (le rire dans la comédie et le pathétique dans la tragédie). C'est tout ce qui crée une atmosphère de tension dramatique qui affecte les personnages sur la scène et le public dans la salle. Lorsque l'auteur a réuni tous les éléments de tension, on est au sommet de la pièce; c'est le moment d'angoisse suprême, l'instant d'attente générale qui précède le dénouement.

Le théâtre à ses origines au Moyen Âge n'avait aucune règle précise. Les **miracles** et les **mystères** représentaient des scènes de la *Bible* ou de l'*Évangile* ou des vies de saints. Elles étaient des pièces à grand spectacle données à l'intérieur de l'église ou sur son parvis et qui, parfois, duraient plusieurs jours, parfois même des semaines. Les **moralités**, les **soties** (genre repris par Gide dans *Paludes*) et les **farces** (allégoriques, satiriques et comiques) étaient des séries de tableaux de longueur et d'intérêt inégaux, mais souvent plus courtes que les miracles ou que les mystères. À vrai dire le grand défaut de toutes ces pièces était la dispersion de l'action et le manque d'unité de l'intrigue. Le théâtre de la Renaissance au XVIe siècle souffre encore souvent de ce défaut. À de très rares exceptions, il manque d'unité, et il est surtout oratoire et encombré de tirades et de longs monologues qui retardent le progrès de l'action.

C'est contre ce désordre que le théâtre classique a voulu réagir au XVIIe siècle. Les grands dramaturges de la période, Corneille, Racine, Molière, à des degrés divers, se sont astreints à suivre des règles de composition dramatique que Boileau a résumé ainsi:

> Mais nous, que la raison à ses règles engage,
> Nous voulons qu'avec art l'action se ménage,
> Qu'en un lieu qu'en un jour un seul fait accompli
> Tienne jusqu'à la fin le théâtre rempli.
> *L'Art Poétique*, III, 1674

C'est ainsi que les tragédies de Racine, *Andromaque* et *Phèdre*, incarnent par excellence l'art dramatique classique, car elles respectent scrupuleusement la **règle des trois unités**:

1. Unité de **temps** (24 heures)
2. Unité de **lieu** (un seul lieu)
3. Unité d'**action** (une seule intrigue)

Au XIXe siècle les poètes romantiques ont réagi contre l'étroitesse des règles qui insistaient sur la séparation des genres:

> Le comique, ennemi des soupirs et des pleurs,
> N'admet point en ses vers de tragiques douleurs.
> *L'Art Poétique*

Les romantiques, au contraire, réclament le mélange des genres (tragique, comique, sublime et grotesque). Le **drame romantique** (représenté par exemple par *Hernani* de Victor Hugo et par *Chatterton* d'Alfred de Vigny) laisse intervenir les événements extérieurs, la réalité sociale autant que la psychologie. Le dénouement peut être amené par un accident imprévu, à la différence du théâtre classique qui le prépare avec grand soin.

Le **mélodrame** date de la fin du XVIIIe siècle. C'est un drame populaire dont l'intrigue est sombre et larmoyante et dont les sujets sont extraordinaires ou pathétiques. Le mélodrame fait appel à un grand nombre de machines et de conventions artificielles. Tout y est exagéré: le décor, les émotions; il va en général jusqu'à l'incohérence pour faire triompher la morale et la vertu. René de Pixéricourt (XIXe siècle) est le père du mélodrame avec ses *Orphelins du hameau* et *La Fille de l'exilé* dont les titres révèlent assez la sensibilité maladive sur laquelle joue leur action. Le style est à la mesure de cette dernière: la prose y est pompeuse ou oratoire quand elle n'est pas simplement triviale. Le genre ne s'est d'ailleurs pas éteint, nous nous rappelons au siècle actuel les œuvres d'Henry Bernstein, d'Henry Bataille et de Georges de Porto-Riche, de Paul Géraldy et Denys Amiel, de Maurice Donnay et d'Alfred Capus.

Avec la Révolution française de 1789 le théâtre s'est tout naturellement politisé; il est devenu "philosophique" (au sens accordé à ce mot à l'époque: c'est la raison qui détermine et domine actions, buts et dénouement d'une pièce). Beaumarchais s'est servi de son théâtre (dans *Le Barbier de Séville* et *Le Mariage de Figaro*, par exemple) comme d'une arme contre les abus sociaux. Par sa gaieté et par sa satire sociale Beaumarchais retrouvait au théâtre l'esprit de Molière.

Après la période romantique, surtout au cours de la deuxième moitié du XIXe siècle, période qui vit fleurir les mouvements réalistes et symbolistes, le théâtre s'intéresse à l'analyse des sentiments, aux mœurs et aux idées. Ce théâtre réagit contre les pièces romantiques en essayant de représenter sur la scène des événements sérieux et vrais. Ce mouvement culminera avec le célèbre *Théâtre libre* (fondé en 1887) d'André Antoine qui poussera loin le naturalisme à la scène, offrant des tranches de vie crapuleuses ou cyniques. Le *Théâtre libre*, malgré son déclin rapide, et le *Théâtre de la cruauté* (fondé en 1932 par Antonin Artaud), ont indéniablement ouvert la voie aux méthodes adoptées par le théâtre contemporain.

Au début du XXe siècle après les pièces symboliques de Maurice Maeterlinck—les pièces de Claudel, d'Henry de Montherlant et d'Armand Salacrou, par exemple, annoncent un théâtre socialement, idéologiquement et politiquement engagé. On pense aux pièces qu'ont signées Sartre, Camus, Genet, Arthur Adamov, Françoise Loranger, Michel Tremblay.

**Quelques conseils pour étudier une tragédie**

Pour expliquer un fragment tiré d'une tragédie on suivra en gros les mêmes étapes que pour la comédie, mais on insistera sur les aspects tragiques du morceau:

**1.** La valeur dramatique de l'intrigue.

**2.** La qualité de la psychologie des passions.

**3.** Les éléments tragiques: la fatalité, la jalousie, la haine ....

**4.** La valeur morale ou poétique du dénouement.

Ainsi lorsque vous devrez analyser un fragment de pièce de théâtre il faudra, après avoir lu si possible la pièce entière:

**1.** Examiner la nature de l'action, les événements et leur rapport avec les personnages.

**2.** Essayer aussi de comprendre les complications de l'intrigue, comment les éléments s'enchaînent les uns après les autres.

**3.** Faire également attention aux qualités de l'*exposition*; se demander si la présentation des personnages et des événements (éléments de l'intrigue) est lente ou rapide, discrète ou évidente.

**4.** Dans les scènes qui précèdent le dénouement chercher dans quelle mesure elles contribuent à intensifier la tension dramatique, en quoi elles font progresser l'action près du *nœud*, autrement dit près du paroxysme.

**5.** Se demander si le dénouement a été bien préparé ou s'il est arrivé comme une surprise totale (*coup de théâtre*) qui provoque un revirement, c'est-à-dire un changement de direction de l'action.

Vu que toute pièce de théâtre est divisée en **actes**, eux-mêmes divisés en **scènes** et que chaque scène se compose de **monologues**, de **dialogues** ou de **récits**, il faudra évaluer chacune de ces parties par rapport à l'ensemble. Se demander si la pièce progresse rapidement ou lentement vers le dénouement et si le fragment à expliquer avance ou retarde l'action. Examiner aussi si l'intérêt provient de l'extérieur ou de l'intérieur (psychologie). S'attacher aux personnages: sont-ils tous essentiels? Quel est leur rôle dans l'intrigue?

Le théâtre étant une langue écrite et surtout parlée, il faudra étudier les ressources linguistiques et poétiques des dialogues et des monologues. Comme une pièce est naturellement faite pour la représentation, il serait utile de se demander dans quelle mesure le style convient au sujet, dans quelle mesure il est suffisamment *expressif*.

Telles sont quelques-unes des questions que l'on devrait se poser en abordant l'analyse d'un fragment de pièce de théâtre ou d'une pièce entière. Avec un peu d'expérience, d'autres questions vous viendront à l'esprit, n'en doutez pas, mais il est temps que nous passions à l'examen de la poésie.

## Poésie

### Structure du poème

Paul Éluard a dit: "Quel dommage que la poésie ait un nom particulier et que les poètes forment une classe spéciale! Elle n'est point chose anormale." Éluard, qui était lui-même poète, savait mieux que tout autre que la nature de la poésie n'est pas plus "anormale" que celle de la prose et que la poésie se distingue le plus souvent par sa forme et par la technique qu'elle exige. Prose et poésie sont avant tout un langage et une vision des mondes réels ou imaginaires perçus par le poète ou inventés par lui. Comme la prose aussi, la poésie est ouverte à une grande variété d'expressions et elle n'exclut pour ainsi dire aucun sujet. La poésie peut être **peinture** (de la réalité ou de l'imagination); elle peut donc être **descriptive** de formes, d'objets, de couleurs ou de sons (musique). La poésie peut être aussi une poésie **d'idées**, poésie **oratoire** ou philosophique: une poésie où tous les moyens d'expression (sonorités, rythmes, images, etc.) sont employés à mettre en valeur des pensées ou des symboles. La poésie peut être simplement **sentimentale**, exprimer des émotions de l'esprit et du cœur, et toutes les vibrations de la sensibilité du poète. Cette poésie sera celle des chagrins, des regrets ou au contraire de l'espoir et de l'enthousiasme.

On pourrait ajouter, entre la poésie de sentiment et la poésie d'idées, une poésie **d'action** dont le rôle principal est d'exalter ou de remuer la passivité des hommes. On songe aux **épopées** comme la *Chanson de Roland*, aux *Châtiments* de Victor Hugo, aux poèmes de Charles Péguy, de Paul Éluard ou de Louis Aragon: poèmes patriotiques, poèmes de la résistance à l'ennemi, par exemple. Cette poésie d'action n'est pas la poésie des sentiments ou des larmes: c'est, au contraire, une poésie stoïque de combat, une poésie forte.

Il y a aussi une poésie qui cherche son inspiration au-delà du réel et du rationnel: c'est la poésie **du voyant**. Le poète n'est pas simplement un "écho sonore" (poésie sentimentale), c'est un rêveur, un mystique. Celui-ci cherche dans le monde des formes ou des idées nouvelles, des symboles et des contradictions même: poésie **symboliste**, poésie **dadaïste** et **surréaliste**. Le poète Charles Baudelaire perçoit des correspondances cachées entre les divers éléments de la réalité. Son attitude d'artiste est orientée vers l'inconnu, vers le mystérieux et l'obscur. Le poète peut même aller plus loin en se désintéressant du rationnel et de l'irrationnel, de la pensée et des idées. Il peut ne plus s'intéresser qu'aux sons, au rythme, aux images insolites, indépendantes de tout message: le poète est alors sur le chemin de la poésie **pure**, de la poésie hermétique ou fermée.

Quelle que soit la forme de la poésie, le poète n'est pas seulement un voyant, un chercheur de symboles, un sondeur de rêves. Il est aussi un *ouvrier*, un artiste du vers à la recherche de son idéal dans la perfection de la forme. Le poète choisit ses mots dans le but de créer une certaine impression poétique, et cette impression est ressentie au niveau de l'esprit.

On oublie trop souvent que la poésie est avant tout musique. Les troubadours et les trouvères médiévaux, les poètes de la fin du Moyen Âge comme Charles d'Orléans, et les poètes du XVIe siècle encore (Pierre de Ronsard, entre autres) étaient des musiciens d'abord, et pour eux poésie et musique étaient indissociables. Même si les deux genres se sont par la suite distingués, il convient de ne pas oublier la double origine de la poésie, car elle s'y reconnaît toujours.

Mais la poésie est aussi faite pour les yeux. La **disposition typographique globale** du poème n'est pas indifférente à son sens total. La ponctuation, les retours à la ligne, les "blancs" sont là parce que le poète les a voulus là.

### Rythme

Le rythme d'un poème vient non seulement de l'arrangement et du nombre de syllabes, de la qualité sonore des voyelles, des consonnes et de la **rime**, mais il vient aussi des arrêts, des **coupes** ou des pauses marquées par la **ponctuation** ou par des **blancs**. Le poème s'organise le plus souvent en **strophes** (stances ou couplets) séparées les unes des autres par des espaces qui représentent une coupure d'un rythme spécifique et du mouvement musical général.

Le rythme peut donc se marquer de différentes façons dont nous présentons quelques exemples ci-dessous.

## Ponctuation

Le rythme (2/4 // 6) est marqué par la ponctuation, comme dans ce vers tiré du *Cid* de Pierre Corneille:

Ô rage! / Ô désespoir! // Ô vieillesse ennemie!

Don Diègue qui prononce ces paroles est accablé de douleur. L'alexandrin est donc coupé par les points d'exclamation qui représentent les soupirs et la respiration oppressée du personnage.

Dans les cinq vers qui suivent, Marceline Desbordes-Valmore exprime son inquiétude, son angoisse de l'attente. La ponctuation traduit bien l'émotion passionnée du poète:

Oui, / je vais le revoir, / je le sens, / j'en suis sûre! /
Mon front brûle et rougit; / un charme est dans mes pleurs; /
Je veux parler, / j'écoute et j'attends / ... doux augure! /
L'air est chargé d'espoir / ... il revient / ... je le jure, /
Car le frisson qu'il donne a fait fuir mes couleurs.

*Élégies et poésies nouvelles*, "Le Présage," 1835

Dans les vers ci-dessus nous trouvons quatre différentes formes de ponctuation: la **virgule**, qui n'arrête pas le mouvement du vers, et qui au contraire l'élance vers la fin; le **point-virgule**, qui est une pause très brève qui juxtapose deux idées; le **point d'exclamation**, qui marque une recrudescence de l'émotion; et les **points de suspension**, qui justement expriment l'attente, le suspense. On peut donc dire que dans ces vers de Desbordes-Valmore les émotions du cœur du poète se ressentent dans le rythme même. Ne pas oublier non plus la fonction des **deux-points**, du **point d'interrogation**, du **point** seul, du **trait d'union** et du **tiret** (ces deux derniers ne sont pas interchangeables et ont des valeurs différentes).

Mais le rythme peut parfois se traduire par l'absence de la ponctuation (remplacée par la prédominance des sonorités et de la typographie), comme dans ces vers de Jacques Prévert:

*L'Automne*

Un cheval s'écroule au milieu d'une allée
Les feuilles tombent sur lui
Notre amour frissonne

Et le soleil aussi.
*Paroles*, 1946

Dans ce cas, le rythme naît de la succession même des mots et des images qu'ils évoquent; aucun signe ne vient entraver la continuité de l'évocation du poète, c'est du rythme à l'état pur.

## Enjambement (Voir **Rejet**, pp. 46-47)

L'enjambement contribue à la fluidité du rythme. C'est un procédé rythmique qui est produit lorsque la phrase se poursuit au-delà de la rime et s'achève au début du vers *(vers et non "ligne"!)* suivant, comme dans ces vers d'*Hernani* de Victor Hugo:

Serait-ce déjà lui? C'est bien à l'escalier
**Dérobé** ....

## Division strophique / Disposition typographique globale

Le rythme peut aussi se marquer par la division strophique et par la disposition typographique, comme dans ces trois strophes de Lamartine:

*Le Lac*  (extrait)

Ô lac! l'année à peine a fini sa carrière,
Et près des flots chéris qu'elle devait revoir,
Regarde, je viens seul m'asseoir sur cette pierre
Où tu la vis s'asseoir!

5      Tu mugissais ainsi sous ces roches profondes;
Ainsi tu te brisais sur leurs flancs déchirés;
Ainsi le vent jetait l'écume de tes ondes
Sur ses pieds adorés.

Un soir, t'en souvient-il? nous voguions en silence;
10    On n'entendait au loin, sur l'onde et sous les cieux,
Que le bruit des rameurs qui frappaient en cadence
Tes flots harmonieux.
*Méditations poétiques*, 1820

On remarquera d'abord la division régulière des douze vers en trois **strophes** de quatre **vers**, chaque strophe étant séparée de la suivante par un

**espace** (un **blanc**) et un **retour à la ligne**. On notera aussi que le quatrième vers de chaque strophe est exactement la moitié (six syllabes) des autres vers (alexandrins), et qu'il est écrit **en retrait** des trois autres, formant ainsi tout au long du poème un dessin rythmique et typographique. Quelquefois le dessin typographique participe pleinement à l'expression. Essayez, par exemple, de suivre le mouvement saccadé de l'animal dans ce poème de Pierre Reverdy:

*Bêtes*

Tu regardes en passant l'animal enchaîné
                Il part de son élan
L'exil entre les haies
        Son œil sonde le ciel d'un regard étonné
5            La tête contre la barrière
Vers ce reflet de l'infini
              L'immensité
Prisonnier autant que toi-même
L'ennui ne te quittera pas
10   Mais je me souviendrai toujours de
                ton regard
   Et de ta voix
        terriblement humaine
            *Plupart du temps*, 1945

## Thèmes poétiques

Après ces quelques principes de structure du poème, il faut considérer les grandes tendances poétiques, les grands thèmes communs presque à tous les temps et à tous les pays. **L'amour** est, faut-il dire, le lyrique par excellence, et c'est même à l'expression de l'amour sensuel que l'on peut accorder la première place. Le désir charnel, le désir d'embrasser l'être aimé y éclate, comme dans ces vers de Paul Verlaine:

*Séguidille* (extrait)

Brune encore non eue,
Je te veux presque nue
Sur un canapé noir
Dans un jaune boudoir,

5       Comme en mil huit cent trente.

Presque nue et non nue
À travers une nue
De dentelles montrant
Ta chair où va courant
Ma bouche délirante.

*Parallèlement*, "Filles," 1889

La poésie de Baudelaire explose parfois de volupté, comme dans ces vers des *Fleurs du Mal*:

*Chanson d'après-midi*  (extrait)

Ah! les philtres les plus forts
Ne valent pas ta paresse,
Et tu connais la caresse
Qui fait revivre les morts!

5       Tes hanches sont amoureuses
De ton dos et de tes seins,
Et tu ravis les coussins
Par tes poses langoureuses.

"Spleen et Idéal," 1857

## Amour et fuite du temps: "Tempus Fugit"

Ronsard, le grand poète de l'amour du XVIe siècle, a chanté maintes fois la fuite du temps. Dans son ode *À Cassandre* le poète veut impressionner son amie sur la rapidité avec laquelle la jeunesse passe. Il l'emmène au jardin où, le matin même une rose était dans tout l'éclat de sa beauté. Maintenant elle est toute fanée:

*À Cassandre*  (extrait)

Las! voyez comme en peu d'espace
Mignonne, elle a dessus la place
Las! las! ses beautez laissé choir!
Ô vrayment marastre Nature,
5       Puis qu'une telle fleur ne dure
Que du matin jusques au soir!

Donc, si vous me croyez, mignonne,
Tandis que vostre âge fleuronne

En sa plus verte nouveauté,
10    Cueillez, cueillez vostre jeunesse:
Comme à ceste fleur la vieillesse
Fera ternir vostre beauté.

*Les Odes*, Livre I, 1553

Le poète romantique Lamartine exprime, dans ce poème célèbre, sa mélancolie devant le temps qui passe:

*Le Lac* (extrait)

Ô temps, suspends ton vol! et vous, heures propices
    Suspendez votre cours!
Laissez-nous savourer les rapides délices
    Des plus beaux de nos jours!

5    Assez de malheureux ici-bas vous implorent:
    Coulez, coulez pour eux;
Prenez avec leurs jours les soins qui les dévorent;
    Oubliez les heureux.

*Méditations poétiques*, 1820

## Amour et mort: regrets

Souvent, au thème de l'amour le poète associe celui de la mort, son chagrin de voir disparaître l'être aimé. Ainsi, dans le poème suivant, Ronsard épanche ses regrets:

*Sur la mort de Marie*

Comme on voit sur la branche, au mois de mai, la rose,
En sa belle jeunesse, en sa première fleur,
Rendre le ciel jaloux de sa vive couleur,
Quand l'Aube, de ses pleurs, au point du jour l'arrose:

5    La grâce dans sa feuille et l'amour se repose,
Embaumant les jardins et les arbres d'odeur,
Mais, battue ou de pluie ou d'excessive ardeur,
Languissante, elle meurt, feuille à feuille déclose.

Ainsi, en ta première et jeune nouveauté,
10    Quand la terre et le ciel honoraient ta beauté,
La Parque t'a tuée, et cendre tu reposes.

Pour obsèques reçois mes larmes et mes pleurs,
Ce vase plein de lait, ce panier plein de fleurs,
Afin que, vif et mort, ton corps ne soit que roses
*Amours de Marie*, Livre II, 1578

Le sentiment de la mort donne le ton, pourrait-on dire, à la poésie romantique. Dans ce poème Lamartine évoque d'une façon mélancolique son désir de la mort:

*L'Isolement* (extrait)

Sur la terre d'exil pourquoi resté-je encore?
Il n'est rien de commun entre la terre et moi.

Quand la feuille des bois tombe dans la prairie,
Le vent du soir s'élève et l'arrache aux vallons;
Et moi, je suis semblable à la feuille flétrie:
Emportez-moi comme elle, orageux aquilons!
*Méditations poétiques*, 1820

## Spleen; tristesse et pessimisme devant la vie et la mort

Dans ces vers du poème *El Desdichado*, Gérard de Nerval chante sa tristesse:

Je suis le ténébreux,—le veuf,—l'inconsolé,
Le prince d'Aquitaine à la tour abolie:
Ma seule *étoile* est morte,—et mon luth constellé
Porte le *soleil* noir de la *Mélancolie*.
*Les Chimères*, 1854

Alfred de Musset dans son poème *Souvenir* égrène au long de nombreuses strophes son état d'âme mélancolique, son pessimisme même; ces quelques vers reflètent le ton du poème:

Oui, sans doute, tout meurt; ce monde est un grand rêve,
Et le peu de bonheur qui nous vient en chemin,
Nous n'avons pas plus tôt ce roseau dans la main
Que le vent nous l'enlève.
*Poésies nouvelles*, 1841

Parfois le poète essaie de triompher de son pessimisme en cherchant consolation dans le stoïcisme. *La Mort du loup* d'Alfred de Vigny est un exemple parfait de l'attitude stoïque opposée au spleen. L'homme, comme le loup, est sur terre pour souffrir, dit le poète, mais il doit, lui aussi, vivre et mourir "sans jeter un cri":

> Gémir, pleurer, prier, est également lâche.
> Fais énergiquement ta longue et lourde tâche
> Dans la voie où le sort a voulu t'appeler,
> Puis, après, comme moi, souffre et meurs sans parler.
> *Les Destinées*, 1864

Cette poésie de Vigny qui propose une attitude devant la vie est appelée poésie **philosophique** (ou morale) justement parce qu'elle implique poétiquement une philosophie sur la vie et la nature humaine. Au souvenir sont souvent liés le pessimisme, la mélancolie et la nostalgie. Lorsque le poète retrouve après longtemps un paysage familier, ce dernier ne correspond plus à l'image qu'il en a gardée; ce changement provoque la mélancolie. On comprendra que ce thème sera souvent lié à celui du **tempus fugit**. Dans *Tristesse d'Olympio*, Victor Hugo revoit un paysage qui lui rappelle de tendres émotions, et puisque tout a changé, il s'écrie:

> Que peu de temps suffit pour changer toutes choses!
> Nature au front serein, comme vous oubliez!
> Et comme vous brisez dans vos métamorphoses
> Les fils mystérieux où nos cœurs sont liés!
> *Les Rayons et les ombres*, 1840

## Dynamisme et exaltation

Si la poésie est souvent l'expression des sentiments mélancoliques de l'homme, elle peut aussi exprimer ses joies, son désir de vivre, ce que nous appelons *dynamisme*. Baudelaire dans cet extrait du poème *Élévation* nous invite à nous arracher aux chagrins de la terre:

> Derrière les ennuis et les vastes chagrins
> Qui chargent de leur poids l'existence brumeuse,
> Heureux celui qui peut d'une aile vigoureuse
> S'élancer vers les champs lumineux et sereins!

> 5    Celui dont les pensers, comme des alouettes,
> Vers les cieux le matin prennent un libre essor.

—Qui plane sur la vie et comprend sans effort
Le langage des fleurs et des choses muettes!

*Les Fleurs du mal*, "Spleen et Idéal," 1857

Dans les vers qui suivent, Victor Hugo exprime d'une façon exaltée sa confiance dans l'avenir de l'homme:

Fêtes dans les cités, fêtes dans les campagnes!
Les cieux n'ont plus d'enfers, les lois n'ont plus de bagnes.
Où donc est l'échafaud? ce monstre a disparu.
Tout renaît. Le bonheur de chacun est accru
5      De la félicité des nations entières.
Plus de soldats l'épée au poing, plus de frontières,
Plus de fisc, plus de glaive ayant forme de croix.
L'Europe en rougissant dit:—Quoi! j'avais des rois!
Et l'Amérique dit:—Quoi! j'avais des esclaves!

*Les Châtiments*, "Lux," II, 1853

Et le poète termine par ces deux vers dont le dynamisme est souligné par les points d'exclamation:

Radieux avenir! essor universel!
Épanouissement de l'homme sous le ciel!

À cette poésie il faut ajouter la poésie satirique, et la poésie patriotique et de combat. *L'Hymne à la liberté* de Paul Éluard est un des chefs-d'œuvre de la poésie engagée:

*L'Hymne à la liberté* (extrait)

Sur mes cahiers d'écolier
Sur mon pupitre et les arbres
Sur le sable sur la neige
J'écris ton nom

5      Sur toutes les pages lues
Sur toutes les pages blanches
Pierre sang papier ou cendre
J'écris ton nom [...]

10     Et par le pouvoir d'un mot
Je recommence ma vie
Je suis né pour te connaître
Pour te nommer

Liberté
*Poésie et Vérité*, 1942

Nous n'avons pas ici la prétention de présenter tous les thèmes poétiques possibles, mais ceux qui se rencontrent le plus fréquemment à travers les siècles, par conséquent nous terminerons par deux types de poésie opposés: la poésie majestueuse et épique et la poésie simplement descriptive, la nature morte.

## Poésie majestueuse, poésie épique

Victor Hugo, qui a écrit de vastes poèmes au souffle épique, à titre d'exemple *La Légende des siècles*, fait voir ce type de poésie dans *L'Expiation*. Dans les vers qui suivent on discernera la longueur majestueuse des alexandrins, le talent descriptif du poète et le mouvement et le réalisme de la scène décrite:

*L'Expiation*  (extrait)

Il neigeait. Les blessés s'abritaient dans le ventre
Des chevaux morts; au seuil des bivouacs désolés
On voyait des clairons à leur poste gelés,
Restés debout, en selle et muets, blancs de givre,
5     Collant leur bouche en pierre aux trompettes de cuivre.
Boulets, mitraille, obus, mêlés aux flocons blancs,
Pleuvaient; les grenadiers, surpris d'être tremblants,
Marchaient pensifs, la glace à leur moustache grise.
*Les Châtiments*, 1853

## Poésie descriptive, nature morte

À l'opposé de la grande poésie au souffle épique, touchant aux récits de la Bible et aux mystères de l'humanité, il y a une poésie plus calme, plus intime, pacifique et surtout descriptive; l'émotion naît alors plus de l'art de la description que du mouvement, tel ce poème de Verlaine:

*Le Ciel est par-dessus le toit*

Le ciel est par-dessus le toit,
    Si bleu, si calme!
Un arbre par-dessus le toit,
    Berce sa palme.

5       La cloche, dans le ciel qu'on voit,
           Doucement tinte.
       Un oiseau sur l'arbre qu'on voit
           Chante sa plainte.

       Mon Dieu, mon Dieu, la vie est là,
10           Simple et tranquille.
       Cette paisible rumeur-là
           Vient de la ville.

       —Qu'as-tu fait, ô toi que voilà
           Pleurant sans cesse,
15       Dis, qu'as-tu fait, toi que voilà,
           De ta jeunesse?

                    *Sagesse*, III, 1881

Dans son poème *Le Dormeur du val* (1870) Arthur Rimbaud se fait peintre impressionniste; les formes et les objets, le mouvement même se fondent en un petit tableau, éclatant de lumière:

> C'est un trou de verdure où chante une rivière
> Accrochant follement aux herbes des haillons
> D'argent; où le soleil, de la montagne fière,
> Luit: c'est un petit val qui mousse de rayons.

Les poètes parnassiens [*Parnasse*: mont de l'ancienne Grèce consacré à Apollon et aux Muses] comme Leconte de Lisle, José Maria de Heredia et Sully Prudhomme à ses débuts, ont recherché moins l'émotion dans leur poésie que la beauté parfaite. La poésie devient plus discrète, les images et les concepts plus abstraits. Voici quelques vers du poème *Le Cygne*, où l'oiseau n'a presque rien de vivant, c'est un objet d'art, une statue précieuse:

*Le Cygne* (extrait)

> Superbe, gouvernant du côté de l'azur,
> Il choisit, pour fêter sa blancheur qu'il admire,
> La place éblouissante ou le soleil se mire.
> [...]
> L'oiseau, dans le lac sombre où sous lui se reflète
> La splendeur d'une nuit lactée et violette,
> Comme un vase d'argent parmi les diamants,

> Dort, la tête sous l'aile, entre deux firmaments.
>
> Sully Prudhomme, *Les Solitudes*, 1869

Voici donc quelques exemples pour illustrer l'immensité du monde poétique; il y a en a bien d'autres. C'est que la poésie dans sa grande diversité n'est pas limitée aux thèmes poétiques tels que l'amour, le regret, la mort, l'espoir, ....Elle peut provenir aussi d'une originale combinaison de mots, de sons, de rythmes ou d'images: "Solitude aux hanches étroites" dit Paul Éluard. Cette juxtaposition du mot *solitude* (abstraction) et du mot *hanche* (partie concrète du corps humain) semble tout d'abord obscure. Mais si l'on réfléchit que le poète essaie de qualifier sa solitude d'une façon toute nouvelle et même inattendue, on s'aperçoit qu'il a réussi et on apprécie l'heureux rapprochement des termes. *Hanches étroites* implique l'idée de maigreur, de stérilité, de dessèchement. Par cette image insolite, la solitude est rendue encore plus tragique; on la ressent physiquement.

Prenons comme autre exemple ce vers de Paul Éluard: "La terre est bleue comme une orange." La juxtaposition de *bleue* et d'*orange* est surprenante et inhabituelle, mais elle convient tout à fait a l'expression. Le poète suggère par *bleue* la profondeur du ciel, l'idée de transparence et d'infini de la *terre*. *Orange* correspond aussi à *terre*: la terre a la forme de l'orange, et la densité pulpeuse de l'orange suggère la densité terrestre. L'auteur a voulu superposer les deux éléments de sa comparaison, donnant ainsi à son image une qualité étrange et nouvelle.

Le poème est parfois une composition mystérieuse, une succession d'images dissociées et déroutantes à première vue. Dans le poème qui suit, le poète surréaliste Jean Arp reconstruit un monde nouveau et inquiétant qui confère de la beauté à des os, qui remplace les quatre pattes du cheval par quatre roues, et qui fait arriver le vent "sur ses quatre plantes." Chacune de ces images ou associations sont, direz-vous, absurdes, mais elles prennent soudain un sens lorsqu'on les considère par rapport à la totalité du poème.

*Une goutte d'homme*

une goutte d'homme
un rien de femme
achèvent la beauté du bouquet d'os
c'est l'heure de l'aubade
dans la fourrure de feu

le vent arrive sur ses quatre plantes
comme le cheval sur ses quatre roues
l'espace a un parfum vertical
l'espace a un parfum vertical
10       le vent arrive sur ses quatre plantes
comme le cheval sur ses quatre roues
c'est l'heure de l'aubade
dans la fourrure de feu
une goutte d'homme
15       un rien de femme
achèvent la beauté du bouquet d'os

*Jours effeuillés*, 1941

Tout compte fait, la poésie est indéfinissable, qu'elle décrive la réalité ou l'irréalité ou, comme on dit, la surréalité. Le poète ne veut plus se contenter de voir, de sentir ou d'imaginer; il veut passer outre, guettant toujours dans notre monde organisé des formes nouvelles et fraîches. Mais lorsque le poète a réussi à capter son inspiration, il faut, parodiant Pierre Reverdy, qu'il apprenne à "guider ces éclairs qui glissent sous la brume"; il faut qu'il obéisse à certaines exigences formelles, à certaines techniques poétiques.

### Techniques poétiques

Nous donnons tout d'abord ici quelques principes théoriques qui seront repris par la suite dans une série de dix exemples sous forme d'exercices pratiques.

La **versification** est tout simplement l'art de faire des vers. C'est une technique comportant plusieurs aspects qu'il nous faut maintenant distinguer.

Le **vers**, en soi, est un groupe de syllabes arrangées selon un certain **rythme**. Le nombre de syllabes s'appelle aussi une **mesure** (groupe de sens, groupe rythmique) et chaque mesure est séparée de la suivante par une **coupe**. Le rythme est la cadence produite par la succession des temps forts (syllabes accentuées) et des temps faibles. Le vers suivant de du Bellay adopte la formule 2/4 // 6:

Heureux,/ qui, comme Ulysse,// a fait un beau voyage

Bien entendu, le rythme dépend aussi de la longueur du vers et de la valeur de la rime, des coupes ou de la césure.

La **césure** est une coupe entre deux mots dans le vers, ou entre deux groupes rythmiques selon le sens. Le mot *coupe* est pratiquement synonyme de *césure*, bien qu'on l'utilise surtout pour marquer la séparation de deux mesures, alors que *césure* est réservée pour désigner la séparation de deux *hémistiches* d'un alexandrin (6 // 6). Les classiques, au XVIIe siècle, réclamaient la césure médiane pour l'alexandrin. Notons, par exemple, ce vers de Racine (3/3 // 3/3):

> J'ai voulu/ lui parler,// et ma voix/ s'est perdue

Mais cette formule n'est nullement exclusive de tout autre. Mentionnons les formules 2/4 // 2/4 ou 3/3 // 2/4 ou encore 3/3 // 4/2, etc. Pour les vers de dix syllabes on retrouve 4 // 6 ou 5 // 5 par exemple. Quoi qu'il en soit, il faut toujours être attentif au rythme et au sens.

L'**hémistiche** est un élément du vers et plus exactement la moitié d'un vers. Dans le cas de l'alexandrin, le vers est composé de 12 syllabes divisibles généralement en deux mesures rythmiques (6 // 6). Dans ce vers de Corneille, nous marquons les deux hémistiches de l'alexandrin:

> N'ai-je donc tant vécu // que pour cette infamie?

Dans le cas des autres vers que l'alexandrin, on appelle hémistiche chacune des divisions du vers, même si elles sont inégales de chaque côté de la coupe.

La **rime** est un groupe de syllabes qui reviennent à la fin du vers et qui composent une alternance sonore. À la lecture d'un groupe de vers on notera aussi son **harmonie**; c'est l'accord de sons réunis dans le but de produire un certain effet. La répétition de voyelles semblables s'appelle **assonance**. La répétition de mêmes consonnes s'appelle **allitération**.

Dans de nombreux vers il existe des **rejets** (voir **enjambement**, p. 35). C'est un procédé rythmique qui consiste d'abord à rejeter un mot par dessus la césure afin de mettre ce mot en valeur. Il s'agit de l'enjambement du premier hémistiche sur le second, comme dans ce vers de Racine:

Relevaient de ses yeux // les timides douceurs

Il y a d'autres formes de rejet; ainsi le mot peut être rejeté au vers suivant, bien qu'il appartienne au précédent par le sens, comme dans ces vers de Jean de La Fontaine:

Mais je suis attachée, et si j'eusse eu pour maître
**Un serpent,** eût-il su jamais pousser plus loin
**L'ingratitude?** Adieu, j'ai dit ce que je pense.
*L'Homme et la couleuvre*

Dans *Soleil couchant,* le poète Heredia nous donne un autre exemple de rejet au-delà de la rime (d'**élément en rejet**):

À mes pieds c'est la nuit, le Silence. Le nid
**Se tait,** l'homme est rentré sous le chaume qui fume.

La **strophe** enfin est une unité, un groupe de vers pouvant aller de quatre à quatorze vers et qui a une disposition fixe ou régulière de rimes.

Ces observations théoriques générales seront maintenant reprises pour la plupart et illustrées par des exemples précis. Pour nous faciliter la tâche, nous prendrons comme exemple de base ce poème de Verlaine:

*Beams*

Elle voulut aller sur les flots de la mer,
Et comme un vent bénin soufflait une embellie,
Nous nous prêtâmes tous à sa belle folie,
Et nous voilà marchant par le chemin amer.

5    Le soleil luisait haut dans le ciel calme et lisse,
Et dans ses cheveux blonds c'étaient des rayons d'or,
Si bien que nous suivions son pas plus calme encor
Que le déroulement des vagues, ô délice!

Des oiseaux blancs volaient alentour mollement,
10   Et des voiles au loin s'inclinaient toutes blanches.
Parfois de grands varechs filaient en longues branches,
Nos pieds glissaient d'un pur et large mouvement.

Elle se retourna, doucement inquiète
De ne nous croire pas pleinement rassurés;

15      Mais nous voyant joyeux d'être ses préférés,
Elle reprit sa route et portait haut la tête.

*Romances sans paroles*, 1873

Au premier regard nous voyons la **division strophique** du poème; il a quatre strophes de quatre vers, ou **quatrains**. Nous constatons ensuite que les vers sont tous des **alexandrins**, ou vers de douze syllabes, comme nous le montrons ci-dessous:

El/le/ vou/lut/ al/ler/ sur/ les/ flots/ de/ la/ mer
Et/ comme/ un/ vent/ bé/nin/ souf/flait/ une/ em/bel/lie,

On notera pourtant dans le **compte des syllabes** que certaines ne sont pas comptées à la rime, ni à la fin d'une mesure ou d'un hémistiche. Ainsi, dans la dernière strophe du poème *Beams* nous avons pour les vers 1 et 4 le compte suivant:

El/le/ se/ re/tour/na,/ dou/ce/ment/ in/qui/ète
El/le/ re/prit/ sa/ route/ et/ por/tait/ haut/ la/ tête

On ne compte pas la dernière syllabe muette (*e instable*) ou atone. Au contraire, à l'intérieur d'un vers, le *e instable* suivi d'une *consonne prononcée* (d'un *son consonantique*) doit être compté. Ainsi, dans le deuxième vers de la dernière strophe de *Beams* on trouve que la cinquième syllabe doit se compter:

De ne nous croir/e/ pas pleinement rassurés

Mais si le *e instable*, à l'intérieur du vers, est suivi d'une *voyelle prononcée* (d'un *son vocalique*) ou d'un *h muet*, il n'est pas compté. Dans le deuxième vers de la première strophe on a:

Et comm/e/ un vent bénin soufflait un/e/ embellie

Ce phénomène s'appelle simplement **liaison**, et la disparition du *e instable* s'appelle **élision** (syllabes 3 et 10). En règle générale les **terminaisons verbales** *–ent*, qui sont égales à des *e instables*, ne comptent pas davantage que le *e instable*. Si l'on veut maintenant élaborer le **schéma strophique** du vers, il faut examiner les rimes. Dans la première strophe du poème nous avons les quatre rimes suivantes:

| | |
|---|---|
| mer | **a** (pas de *e instable*, donc **rime masculine**) |
| embellie | **b** (*e instable*, donc **rime féminine**) |
| folie | **b** |
| amer | **a** |

*Mer* et *amer* sont des **rimes riches** car il y a identité de trois éléments: **m-e-r** et **a-m-e-r**. Dans le cas de *embellie* et de *folie*, le *e instable* ne compte pas, aussi la rime dans ce cas ne repose-t-elle que sur l'identité de deux éléments: embel-**l-i**-e et fo-**l-i**-e; elle est donc **suffisante**.

S'il n'y a que la même voyelle finale, mais pas de consonnes identiques, on dit que la rime est **pauvre** (ou **faible**). De plus, la rime n'est possible qu'entre deux mots de même prononciation, tels *Mer* et *amer*. Cependant, *mer* et *aimer* ne seraient pas acceptables. En outre, deux rimes masculines suivies de deux rimes féminines constituent des **rimes suivies** ou **plates** selon le schéma **aa, bb, cc**, etc. Chaque strophe du poème reproduit fidèlement le même schéma: **a b b a**. Il s'agit alors de **rimes embrassées**.

Si nous avions, au contraire, la rime suivante: *tiède / clair / cède / l'air* (**a b a b**) nous aurions affaire à des **rimes croisées**. Lorsque la même rime est répétée trois fois de suite, il s'agit d'une **rime redoublée (a a a)**. Ce n'est toutefois pas nécessairement toujours si simple.

Dans la deuxième strophe du poème *Beams* on a aux vers 2 et 3 les rimes *d'or* et *encor*. On constate que leur seul point commun est la syllabe *or*; rien d'autre.

Si au contraire on avait deux terminaisons de vers comme *plaisir* et *saisir*, on remarquerait ces sons communs: /ai/, /s/, /i/ et /r/. Dans le premier exemple la rime est suffisante; dans le deuxième exemple la rime est nettement plus riche. Lorsqu'il y a identité de quatre éléments (deux syllabes entières identiques) nous nommons le phénomène une **rime léonine**.

### Exemples et exercices

Dans une série d'exemples-exercices vous essaierez de reconnaître les divers éléments de versification qui seront présentés. Les réponses suivent immédiatement.

**Exemple 1.** Essayez de distinguer les niveaux de richesse des rimes dans les deux cas suivants: la rime est-elle riche ou pauvre?

|  |  |
|---|---|
| le**van**t | a**mi** |
| en**fan**t | dé**fi** |

**Réponse:** Puisque le seul son de la voyelle finale est identique, il s'agit d'une rime pauvre ou insuffisante.

**Exemple 2.** Indiquez la qualité de la rime.

|  |  |
|---|---|
| toi**son** | pe**ines** |
| rai**son** | ve**ines** |

**Réponse:** Dans ces deux cas les sons de la voyelle finale sont identiques, mais la consonne qui précède ou suit la voyelle finale (**consonne d'appui**) est aussi identique. La rime est donc suffisante.

**Exemple 3.** Indiquez la qualité de la rime.

|  |  |  |
|---|---|---|
| sculp**teurs** | **orge** | tor**du** |
| specta**teurs** | **forge** | per**du** |

**Réponse:** Dans ce cas la voyelle finale est identique; il y a aussi identité de la consonne d'appui et identité de la consonne finale. La rime est riche.

**Exemple 4.** Indiquez la qualité de la rime.

|  |  |
|---|---|
| fer**railleur** | **Sultant** |
| **railleur** | in**sultant** |

**Réponse:** Il s'agit de rimes léonines (deux syllabes identiques).

**Exemple 5.** Distinguez les rimes masculines et féminines.

|  |  |  |
|---|---|---|
| lisse | mollement | inquiète |
| d'or | blanches | rassurés |
| encor | branches | préférés |
| délice | mouvement | bête |

**Réponse**: Nous avons vu plus haut que dans le poème *Beams* les mots *amer* et *mer* étaient des rimes masculines tandis que *embellie* et *folie* étaient des rimes féminines. Toutes les rimes où la syllabe finale accentuée est suivie d'un *e instable* sont appelées rimes féminines. Lorsqu'il n'y a pas de *e instable* les rimes sont masculines. Ainsi *lisse* et *délice* sont des rimes féminines; *mollement* et *mouvement* sont des rimes masculines.

**Exemple 6**. Dans les exemples ci-dessous, indiquez quelles sont les rimes embrassées ou croisées et donnez le schéma.

| | |
|---|---|
| lisse | mal |
| d'or | infortuné |
| encor | animal |
| délice | fané |

**Réponse**: Dans la première colonne la rime est embrassée; le schéma est **a b b a**. Dans la deuxième colonne la rime est croisée; le schéma est **a b a b**.

**Exemple 7**. Indiquez le schéma des rimes suivantes.

campagnes
bagnes
disparu
accru
entières
frontières

**Réponse**: Il s'agit de rimes suivies, ou plates, dont le schéma est **aa** / **bb** / **cc** /, etc.

La rime et l'alternance des rimes est un phénomène essentiel à la poésie. Pourtant il y a des cas où la rime n'existe pas. La poésie moderne s'abstient fréquemment de l'utiliser. Dans le poème *Guerre*, le poète Reverdy ne se sert pas de la rime et cependant son poème garde une grande force d'évocation lyrique et le rythme se dédouble pour jouer le rôle de la rime:

*Guerre*

La terre immobile

Et l'été brûlant
Prudence
Des casques protecteurs
5    J'ai fait mon vêtement
et l'hiver qui s'avance
n'y fait rien
On doute encore plus de soi-même
On peut essayer de n'y pas croire
10    Les mouchoirs qui pendaient aux balcons
            tricolores en signe d'allégresse
ont déteint
Et la figure attristée
Visage des visages
15    La mort passe sur le chemin
attendant que l'on se prosterne
Mais quel autre poids que celui de ton corps
            as-tu jeté dans la balance
Tout froid dans le fossé
Il dort sans plus rêver

*Main d'œuvre*, 1949

La liberté du poète vis-à-vis de la rime n'est pas caractéristique de toute la poésie moderne. Si nous lisons ces vers du poème *La Traversée* de Philippe Jaccottet nous nous apercevons que ce poète y tient compte de la rime:

Ce n'est pas la Beauté que j'ai trouvée ici,
ayant loué cette cabine de seconde,
débarqué à Palerme, oublié mes soucis,
mais celle qui s'enfuit, la beauté de ce monde.

*L'Effraie et autres poésies*, 1953

**Exemple 8**. Étudiez l'**enjambement** dans les exemples qui suivent, et recherchez s'il y a des cas d'enjambement dans le poème *Beams*.

Et dans mon cœur, alors, je le hais, et je vois
Notre sang dans son onde et nos morts sous son herbe.

Il était d'océan. Il était vieux d'avoir
Mordu chaque horizon saccagé de tempêtes ....

(Émile Verhaeren)

**Réponse**: Le premier enjambement ici est la prolongation de *je vois* (vers

1) au début du vers 2, *Notre sang*, le deuxième lie *d'avoir* au mot rejeté, *Mordu*.

*Notre sang* est mis en valeur par le fait même qu'il est dissocié, comme séparé de sa cellule syntaxique *je vois*. Il en est de même pour *d'avoir* et *Mordu* dans le deuxième exemple.

Dans le poème *Beams* vous reconnaîtrez un enjambement aux vers 3 et 4 de la deuxième strophe.

**Exemple 9**. Dans les trois exemples qui suivent, étudiez le rejet. Vous chercherez ensuite s'il y a des exemples de rejet dans le poème *Beams*.

    **a**. et je lui porte enfin / mon cœur à dévorer
    **b**. Mais j'aperçois venir Madame la comtesse
       De Pimbesche ....
    **c**. Serait-ce déjà lui? C'est bien à l'escalier
       Dérobé ....

**Réponse**: Dans l'exemple **a**, *mon cœur* est rejeté au-delà de la césure. Dans **b** et **c**, *De Pimbesche* et *Dérobé* sont rejetés en tête du deuxième vers pour créer un effet spécial de surprise.

**Exemple 10**. Rythme du vers, césure, hémistiche.
Un vers de dix syllabes a naturellement un rythme différent de celui de l'alexandrin ou de l'octosyllabe. Pour être prononcé ou chanté, le poème nécessite plusieurs émissions de voix. Il faut reposer la voix après un certain nombre de syllabes. Outre le respect de la cadence des temps forts et faibles, il faut respecter une autre convention poétique, la **césure** qui divise l'alexandrin en deux **hémistiches**. Ainsi dans le vers *Heureux qui comme Ulysse* // *a fait un beau voyage,* le **ly** du nom Ulysse est accentué et la césure se place immédiatement après, coupant le vers en deux hémistiches égaux (6 syllabes chacun).

Les poètes quelquefois recherchent des effets originaux comme dans ce vers de Racine où on trouve deux coupes: *Et moi, / je lui tendais la main / pour l'embrasser.* Les mesures ne sont pas forcément égales. Dans le cas du **décasyllabe** la coupe tombe après la quatrième syllabe:

Comme/ He/ca/té // tu/ me/ fe/ras/ er/rer

**Réponse:** Dans le premier vers la césure se place entre *aller* et *sur*. Dans le deuxième vers, elle se trouve entre *bénin* et *soufflait*. Dans le troisième vers elle est entre *tous* et *à sa*. Enfin dans le quatrième vers elle est entre *marchant* et *par le*.

## Types de vers

### Alexandrin

Nous avons indiqué que le poème *Beams* était écrit en vers alexandrins, ou de douze syllabes. L'alexandrin est probablement le vers le plus connu depuis que le *Roman d'Alexandre* l'a introduit comme genre au XIIe siècle. Le vers de Corneille, il a été aussi employé dans le sonnet et il continue à être utilisé de nos jours. Du sonnet des *Regrets* de Joachim du Bellay, nous citons les deux premiers alexandrins:

> Heu/reux/ qui,/ comme/ U/lysse,// a/ fait/ un/ beau/ vo/yage
> Ou/ com/me/ ce/lui-/là// qui/ con/quit/ la/ toi/son,

Comme exercice, essayez de diviser en syllabes les alexandrins suivants du poème *Le Pin des Landes* de Théophile Gautier:

> Le poète est ainsi dans les Landes du monde;
> Lorsqu'il est sans blessure, il garde son trésor.
> Il faut qu'il ait au cœur une entaille profonde
> Pour épancher ses vers, divines larmes d'or!

### Octosyllabe

C'est le vers de huit syllabes. Comme premier exemple, nous donnons un vers tiré de la première strophe de l'ode *À Cassandre* de Ronsard:

> Mi/gnonne,/ al/lons// voir/ si/ la/ rose
> Qui/ ce/ ma/tin// a/vait/ dé/close

L'octosyllabe n'a pas été en faveur seulement au XVIe siècle; les poètes du XIXe siècle en ont aussi fait usage. Divisez en syllabes les vers du poème suivant:

> La fenêtre, un volet la bouche;

Mais du taudis, comme au temps froid
La tiède haleine d'une bouche,
La respiration se voit.

Théophile Gautier, Fumée

## Décasyllabe

C'est le vers de dix syllabes. Le décasyllabe est le vers des chansons de geste médiévales; ce sera le vers lyrique préféré des poètes jusqu'à la fin du XVIe siècle et puis encore à partir du XIXe siècle. Les vers de la *Délie* de Maurice Scève en sont un exemple:

Comme/ He/ca/té/ tu/ me/ fe/ras/ er/rer
et/ vif,/ et/ mort/ cent/ ans/ par/my/ les/ Umbres

Comme exercice, essayez de diviser en syllabes les deux vers suivants de Gérard de Nerval:

Puis une dame à sa haute fenêtre
Blonde aux yeux noirs, en ses habits anciens
Fantaisie, 1832

## Types de poèmes

Les poèmes sont à **forme fixe** ou à **forme non fixe**. Il y a assez peu de poèmes à forme fixe, car si les poètes jouissent de la technique et recherchent souvent la difficulté, peu d'entre eux se plaisent à se laisser contraindre par la difficulté et par des règles fixes. Parmi les poèmes à forme fixe, on rencontre fréquemment le **sonnet**.

## Sonnet

Le sonnet est un poème à forme fixe comprenant quatorze vers sous forme de deux **quatrains** suivis de deux **tercets**. Il comporte des variantes à rimes croisées ou embrassées comme le montrent les exemples suivants (la rime dite classique est **a b b a / a b b a / c c d / e e d**):

*Monsieur Prudhomme*

Il est grave: il est maire et père de famille.

Son faux-col engloutit son oreille. Ses yeux
Dans un rêve sans fin flottent, insoucieux,
Et le printemps en fleur sur ses pantoufles brille.

5    Que lui fait l'astre d'or, que lui fait la charmille
Où l'oiseau chante à l'ombre, et que lui font les cieux,
Et les prés verts et les gazons silencieux?
Monsieur Prudhomme songe à marier sa fille

Avec monsieur Machin, un jeune homme cossu.
10   Il est juste-milieu, botaniste et pansu.
Quant aux faiseurs de vers, ces vauriens, ces maroufles,

Ces fainéants barbus, mal peignés, il les a
Plus en horreur que son éternel coryza,
Et le printemps en fleur brille sur ses pantoufles.
Paul Verlaine, Poèmes saturniens, 1866

*Causerie*

Vous êtes un beau ciel d'automne, clair et rose!
Mais la tristesse en moi monte comme la mer,
Et laisse, en refluant, sur ma lèvre morose
Le souvenir cuisant de son limon amer.

5    —Ta main se glisse en vain sur mon sein qui se pâme;
Ce qu'elle cherche, amie, est un lieu saccagé
Par la griffe et la dent féroce de la femme.
Ne cherchez plus mon cœur; les bêtes l'ont mangé.

Mon cœur est un palais flétri par la cohue;
10   On s'y soûle, on s'y tue, on s'y prend aux cheveux!
—Un parfum nage autour de votre gorge nue! ....

Ô Beauté, dur fléau des âmes, tu le veux!
Avec tes yeux de feu, brillants comme des fêtes,
Calcine ces lambeaux qu'ont épargné les bêtes!
Charles Baudelaire, Les Fleurs du mal, "Spleen et Idéal," 1857

Dans l'analyse du sonnet faites attention au dernier vers du deuxième tercet (le dernier vers du poème), car c'est souvent lui qui résume le poème en soulignant l'idée ou l'émotion principale que veut exprimer le poète.

## Dizain

Le dizain est un poème composé de dix vers, le plus souvent selon la rime: **abab / c c d / e e d**.

**Vers blanc** = vers non rimés.

### Vers libre

Il y a des poèmes sans division en strophes (poèmes non strophiques), mais qui gardent la forme du vers. À partir du XIXe siècle on voit apparaître des vers irréguliers et même sans rime: c'est ce que l'on convient d'appeler **vers libre**, c'est-à-dire, un vers dont le rythme est créé sans règle du poète.

La Fontaine au XVIIe siècle, a fait du vers libre un choix réfléchi; il souhaitait l'expression la plus naturelle possible et il l'a trouvée en variant infiniment les formes des vers.

Étudiez les variations syllabiques du poème ci-dessous:

*La Jeune Veuve* (extrait)

La perte d'un époux ne va point sans soupirs:
On fait beaucoup de bruit, et puis on se console.
Sur les ailes du Temps la tristesse s'envole:
     Le Temps ramène les plaisirs.
5        Entre la veuve d'une année
     Et la veuve d'une journée
La différence est grande: on ne croirait jamais
     Que ce fût la même personne.
L'une fait fuir les gens, et l'autre a mille attraits:
10     Aux soupirs vrais ou faux celle-là s'abandonne;
C'est toujours même note et pareil entretien.
     On dit qu'on est inconsolable:
     On le dit; mais il n'en est rien,
     Comme on verra par cette fable,
     Ou plutôt par la vérité.
     *Fables*, Livre VI, 1668

La disposition syllabique inégale sert à l'expression. Les trois premiers vers parlent du décès de l'époux; ils sont graves et solennels et s'allongent sur douze syllabes. Le vers 4 contraste violemment avec les vers qui précèdent; il surprend fortement, étant fait pour étonner, il faut donc qu'il soit bref, d'où huit syllabes.

Si l'on prend comme autre exemple ce poème de Baudelaire, ce qui nous frappe est le mélange de *pentasyllabes* (cinq syllabes) et d'*heptasyl-*

58

*labes* (sept syllabes) qui évoque le mouvement d'une berceuse ou le balan-
cement d'une barque sur les vagues:

*L'Invitation au voyage* (extrait)

Mon enfant, ma sœur,
Songe à la douceur
D'aller là-bas vivre ensemble!
Aimer à loisir,
5           Aimer et mourir
Au pays qui te ressemble!
Les soleils mouillés
De ces ciels brouillés
Pour mon esprit ont les charmes
10         Si mystérieux
De tes traîtres yeux.
Brillant à travers leurs larmes.

*Les Fleurs du mal*, "Spleen et Idéal," 1857

## Verset de Paul Claudel

Le verset claudélien, formé de tranches de prose à peu près égales, cherche à imiter le verset de la Bible. Il se situe entre les formes poétiques et le poème en prose, selon les lois du souffle.

Quelques vers tirés des *Cinq grandes Odes* donneront un exemple de l'ampleur du verset claudélien:

Ô mon âme impatiente! nous n'établirons aucun chantier! nous ne
pousserons, nous ne roulerons aucune trirème
Jusqu'à une grande Méditerranée de vers horizontaux,
Pleine d'îles, praticable aux marchands, entourée par les ports de
tous les peuples!
Nous avons une affaire plus laborieuse à concerter
Que ton retour, patient Ulysse!

*Cinq grandes Odes*, "Les Muses," 1910

## Poème en prose

Le genre du **poème en prose** s'est dégagé de la poésie à l'époque où cette dernière semblait fatiguée et affadie; nous parlons du XVIIIe siècle. La prose prend la relève de la poésie; le rythme, la cadence des phrases se substituent à celui des vers. La prose de Rousseau et celle de Chateaubriand, par exemple, s'enrichissent de couleurs, de sonorités et de mouvements jadis réservés à la poésie. En fait le rythme peut exister en prose comme en poésie, car nul n'a besoin d'une forme de vers fixe pour respecter la mesure. Comme l'a dit Baudelaire:

> *Quel est celui de nous qui n'a pas, dans ses jours d'ambition, rêvé le miracle d'une prose poétique, musicale sans rythme et sans rime, assez souple et assez heurtée pour s'adapter aux mouvements lyriques de l'âme, aux ondulations de la rêverie, aux soubresauts de la conscience.*

Si nous citons Baudelaire, c'est qu'il est considéré l'un des premiers poètes à utiliser le poème en prose comme genre littéraire. Il sera suivi de Rimbaud et de Lautréamont. Max Jacob passera pour un maître du genre, et Pierre Reverdy, entre autres, l'égalera.


## Conclusion

Les formes poétiques ne sont pas toutes présentées dans ce livre. Les mouvements poétiques modernes contemporains, depuis la révolution dada et surréaliste n'ont pas cessé de créer de nouvelles formes d'expression, tout en libérant la prose et la poésie de leurs cadres traditionnels. La prose, le vers irrégulier, dissonant même, servent également aujourd'hui au poète. On explore l'inconscient, on brise les structures rationnelles de la pensée, dépouillant l'esthétique poétique de tout principe préétabli. Les images nous mènent à la frontière des conceptions humaines et s'inspirent des complexes et courbes produits de la vie psychique. L'inspiration est une forme d'automatisme auditif, visuel et verbal. Et pourtant cette constante surprise que l'on ressent à l'abord de ces poèmes contemporains, l'effort constant que l'on doit faire pour les saisir dans leur simplicité, ne mène guère à des thèmes différents de ceux que nous avons rencontrés au cours de notre étude. Les thèmes des nouveaux poètes, sous leur masque parfois étrange, sont les thèmes des poètes de la poésie éternelle. Ils chantent eux aussi l'amour, le rêve, la douleur, la mort et l'espoir.... Poésies anciennes et modernes ne sont nullement opposées. Au niveau de la signification, le message poétique reste un: une émotion, un kaléidoscope d'images, de sentiments et d'idées qui provoque un certain effet sur chaque lecteur et qui sollicite son imagination, son intelligence et son cœur en dépit des apparentes contradictions de la pensée ou de la forme. Tel est le mystère de la poésie et, vous le verrez bientôt, celui de la prose.

# ANALYSE DE TEXTE: PLAN SOMMAIRE

*Ces toutes premières démarches sont nécessaires, mais ne sont pas à inclure dans l'analyse écrite.*

## A. Lecture du texte

**1.** Lire le texte plusieurs fois à haute voix afin de relever ses difficultés (mots, expressions, grammaire).

**2.** Se demander aussitôt quelle est la nature du texte (comique, sérieux, austère ...); si c'est un monologue, un dialogue (vif ou lent); si c'est une description, des réflexions, des confessions, un journal ....

**3.** Essayer de trouver le *rythme* du morceau: lent, rapide, égal ou inégal.

**4.** La lecture a donc pour but de dégager les premiers renseignements concrets sur le texte et d'aider à le comprendre dans sa totalité: fond et forme. On cherchera ainsi le *ton* du texte, l'unité ou la variété des idées ou des sentiments exprimés.

## B. Recherche des difficultés du texte

**1.** Comprendre le sens des mots difficiles et des phrases complexes.

**2.** Comprendre le sens des images (couleurs, formes ou abstractions) et des allusions littéraires, historiques, mythologiques ....

## C. Résolution des difficultés techniques

**1.** Structures grammaticales.

**2.** Construction des phrases ou des vers (inversions, enjambements, rejets, etc.).

*Maintenant vous pouvez commencer à préparer la rédaction de l'analyse.*

## I. Présentation du texte

Il ne s'agit pas de donner une longue discussion d'histoire littéraire ni de faire l'historique de l'écrivain ou du poète, mais simplement, et si possible brièvement, de noter les renseignements essentiels et nécessaires à l'identification du texte et à sa situation.

    **a**. auteur
    **b**. titre de l'œuvre d'où est tiré l'extrait
    **c**. date de parution

*[Seuls sont nécessaires les renseignements qui se rapportent directement au texte à expliquer, que ce soit un poème, de la prose, ou un extrait de pièce de théâtre.]*

## II. Plan du texte

Trouver les principales divisions (articulations, parties) et donner brièvement les raisons pour votre choix.

## III. Idée principale

Selon les renseignements recueillis dans les étapes précédentes, annoncer ce que dit l'auteur et ce qu'il fait. Il s'agit de la *signification* du texte, du *but* de l'auteur et de ses *moyens*. (Ces trois points seront repris plus en détail dans la partie suivante de votre analyse.)

## IV. Étude du texte

→*Attention: Ne pas faire de paraphrases du texte ni de simples résumés.*

Cette partie se compose d'une analyse détaillée du texte tel qu'il a été présenté dans la partie précédente: on étudiera parallèlement les idées (**fond**) et le style (**forme**) du passage dans le but de montrer *ce que* dit l'auteur et *comment* et *pourquoi* il le dit. Dans toute cette partie, il ne faut pas hésiter à citer le texte aussi souvent que ce sera nécessaire pour appuyer votre thèse et illustrer vos découvertes révélées par l'analyse. Ces corroborations textuelles étant obligatoires comme soutiens, l'essentiel demeure toutefois l'analyse proprement dite.

Passant d'une division du plan à l'autre, analyser les composants suivants:

    ▪les mots
    ▪la structure des phrases

- le temps des verbes
- les sonorités
- les images
- les métaphores
- le rythme
- est-ce un monologue (intérieur)? des dialogues?
- les transitions et les enchaînements des parties et des idées
- une chronologie linéaire? alinéaire?
- un déroulement ascendant? descendant?
- une structure (architecture) circulaire ou cyclique?
- impressions initiale, générale, finale sont-elles les mêmes? se différencient-elles?
- est-ce un texte amplificateur ou réductionniste?
- l'optique et la voix narratoriale? celle de l'auteur? du narrateur? d'un (ou de plus d'un) personnage?
- une résonance subjective ou objective?
- s'agit-il de la satire? de la parodie? de la caricature?
- la tonalité est-elle celle de l'ironie? du sarcasme?
- de quels domaines sont tirées les images?
- le sens et les modulations du temps des verbes
- quelles figures de rhétorique prédominent?
- le lexique est-il plutôt abstrait ou concret?
- y a-t-il ouverture ou fermeture textuelle et thématique?
- le texte est-il personnel (privé) ou social (public)? tente-t-il d'affronter et de résoudre des problèmes et des dilemmes individuels ou collectifs?

Bref, on cherchera à deviner les raisons pour lesquelles l'auteur a dit ceci de telle façon. Chaque mot, chaque membre de phrase, chaque couleur, chaque son: tout, ou presque, devra être un sujet de réflexion, une question dont la réponse vous rendra de plus en plus sensible à la qualité de l'expression.

## V. Conclusion

La conclusion n'est pas la répétition rapide de tout ce qui a été dit dans les précédentes parties. On essaiera ici de trouver l'*originalité* du texte, d'en dégager l'intérêt tant au point de vue de l'éthique (**fond**) que de l'esthétique (**forme**). Il s'agit donc, en tenant compte des renseignements déjà acquis, d'*évaluer* le morceau ou le poème du point de vue du sujet (**fond**) et de la technique (**forme**).

C'est alors que vous pourrez vous permettre de donner votre propre interprétation du texte. À ce point, la conclusion peut parfois utilement s'élargir en terminant sur les paroles d'un critique, ou mieux encore, sur un autre passage ou un autre poème qui, selon vous, aurait des rapports avec le texte que vous venez d'expliquer.

### Quelques qualités et particularités à rechercher dans les textes

■Au niveau des **idées** (appel à l'esprit et à l'intelligence): se demander si les idées sont: abstraites ou concrètes; objectives ou subjectives; banales ou originales; traditionnelles ou révolutionnaires; logiques ou illogiques; vraisemblables ou invraisemblables; individuelles ou universelles; claires ou obscures; évidentes ou nuancées; austères, spirituelles, fantaisistes, hardies, naïves, philosophiques, symboliques, morales ...; examiner le but de l'auteur; sa vision, son attitude devant la vie.

■Au niveau des **sentiments,** des **émotions** (valeur affective): se demander si les idées expriment: l'enthousiasme, le calme, la sérénité; un sentiment d'exaltation; le chagrin; l'harmonie; la délicatesse; la sensibilité; des valeurs musicales; un lyrisme humain ou cosmique.

■Au niveau de la **composition:** se demander si elle est: classique ou autre; claire, ordonnée, logique, méthodique ou rigide; antithétique, contrastée, irrégulière, déséquilibrée. Voir aussi s'il y a: progression ou opposition entre les différentes parties du texte; contraste; répétition; ordre ou désordre; élargissement de l'idée principale ou réduction.

■Au niveau du **style:** se demander si le style est: classique, varié, riche, imagé, aisé, suggestif de nuances; statique, dynamique, concis; rapide ou naturel. Étudier aussi si les termes sont: techniques, pittoresques, simples, riches, variés, nuancés, imagés, pauvres; obscurs, confus, sans relief; concrets ou abstraits; réalistes, clairs; précis ou vagues.

■Au niveau du **matériel disponible:** dans le domaine des idées, l'auteur fait-il usage de: l'imagination; de la réalité; du merveilleux; du fantastique; de la mythologie; de l'histoire; du folklore; de la fable? Dans le cas de la forme, l'auteur fait-il usage de: synonymes, d'apostrophes, de périphrases, de métaphores, d'inversions, d'ellipses, d'interrogations, d'exclamations, d'antithèses ou de comparaisons?

■Au niveau de la **phrase:** la phrase est-elle brève ou abondante, circulaire, rapide ou lente. Le style est-il direct ou indirect; musical ou dissonant; fluide ou lourd; discret ou véhément, emporté; simple ou oratoire. Le rythme est-il souple ou heurté; varié, monotone, ou majestueux.

■Au niveau de l'**intérêt du texte:** l'intérêt du texte est-il: soutenu, dramatique; croissant ou décroissant. Le but du texte est-il de convaincre, de plaire, de faire craindre, de faire rire, de décrire ou de faire rêver. Voir quels sont les moyens employés par l'auteur: l'art de convaincre (appel à l'esprit); l'art de toucher (appel aux sentiments et aux sens); la légèreté, la raison, le sérieux, l'éloquence; le dérèglement des sens; l'absurde; l'humour; l'ironie, le sarcasme; la parodie, la satire, le pastiche, la caricature; la poésie, l'hyperbole, la litote.

■Au niveau de l'**évaluation du texte:** se demander s'il y a: une intention morale, une valeur didactique ou poétique; une valeur comique, tragique ou romanesque; une philosophie, une sagesse. Est-ce de l'art gratuit, c'est-à-dire totalement libre, sans aucun motif?

# PROSE: TEXTES ANALYSÉS

## Jacques Bénigne Bossuet

*Oraison funèbre d'Henriette d'Angleterre* (extrait)

Ô nuit désastreuse! ô nuit effroyable! où retentit tout-à-coup comme un éclat de tonnerre cette étonnante nouvelle: Madame se meurt! Madame est morte! Qui de nous ne se sentit frappé à ce coup, comme si quelque tragique accident avait désolé sa famille? Au premier bruit d'un mal si étrange, on accourut à
5     Saint-Cloud de toutes parts; on trouve tout consterné, excepté le cœur de cette princesse; partout on entend des cris; partout on voit la douleur et le désespoir, et l'image de la mort. Le roi, la reine, Monsieur, toute la cour, tout le peuple, tout est abattu, tout est désespéré; et il me semble que je vois l'accomplissement de cette parole du prophète: "Le roi pleurera, le prince sera désolé, et les mains tomberont au peuple de douleur et d'étonnement."

(1670)

## Introduction

### Lecture du texte

Il s'agit d'une oraison funèbre, donc d'un texte très sérieux et même grave, puisque la mort en est le thème principal. Le texte devra pourtant être lu avec une certaine passion car l'auteur parle du haut de sa chaire, et ses paroles inspirées ont pour but de toucher le cœur et l'âme de ceux qui l'écoutent.

Il conviendra donc, en lisant, de respecter l'éloquence du prêtre qui officie en même temps que la dignité du moment.

### Difficultés du texte

| | |
|---|---|
| **étonnante nouvelle** | qui surprend et frappe comme le tonnerre |
| **mal si étrange** | mal extraordinaire |
| **consterné** | accablé |

## Présentation du texte

Le 21 avril 1670, à la demande du roi, l'évêque Bossuet prononce l'oraison funèbre d'Henriette d'Angleterre devant l'assemblée de la cour de Louis XIV. Henriette d'Angleterre, duchesse d'Orléans, était la fille d'Henriette de France et du roi d'Angleterre Charles Ier (décapité par Cromwell en 1649). Née en 1644, elle ne connut jamais son père, mais elle fut élevée au Louvre à partir de 1646 où elle devint la grande Dame des fêtes de Paris, de Fontainebleau et de Versailles. Après la mort de sa mère en 1669, elle fait un voyage en Angleterre auprès de son frère Charles. C'est au retour de ce voyage qu'elle meurt subitement.

On comprend pourquoi Bossuet et la cour tout entière se lamentent à l'annonce de la mort de cette belle et brillante princesse. La disparition d'Henriette d'Angleterre servira d'exemple à Bossuet dont le but est non seulement de faire l'éloge de la défunte, mais aussi de montrer que même la plus belle des choses humaines n'est que vanité devant la mort.

## Préliminaires à l'analyse

### Plan du texte

1. *Ô nuit désastreuse ... Madame est morte!*: crescendo émotif situant le sujet de l'oraison: l'annonce de la mort de Madame.
2. *Qui de nous ne se sentit ... sa famille*: effet de la nouvelle sur l'assemblée.
3. *Au premier bruit ... l'image de la mort*: narration dramatique de l'effet de la nouvelle qui se répand, et son effet total.
4. *Le roi, la reine ... d'étonnement*: Bossuet élève le débat du caractère personnel de la nouvelle au niveau des Écritures.

### Idée principale

Dans cet extrait, Bossuet fait revivre à ses auditeurs les moments pénibles de l'annonce de la mort subite de Madame. Dans un court paragraphe, il réussit à placer la scène, puis à décrire les réactions de chacun devant cette situation tragique. Il termine enfin sur une fresque statique où il fige ses personnages dans une attitude de douleur et de chagrin. Tout au long Bossuet garde le caractère attristant de l'incompréhensible l'événement, suggérant à son auditoire que l'homme refuse longtemps de croire et d'accepter la finalité de la mort: *étonnante nouvelle, mal si étrange, de*

*douleur et d'étonnement*. L'éloquence de Bossuet, dans cet extrait, s'intéresse à peindre, à évoquer et à décrire; elle présente un cadre statique de
douleur et une partie dynamique de narration (la nouvelle puis la douleur
se répandent).

### Étude du texte

L'examen de ce court extrait de l'*Oraison funèbre d'Henriette d'Angleterre* nous permet de constater que Bossuet, prêtre et panégyriste, est
aussi orateur et même poète. Il est orateur par la force de son style qui
s'adapte aisément à la parole; il est poète par la façon dont il sait jouer sur
la sensibilité de ses auditeurs et sur leurs émotions. Nous verrons enfin que
Bossuet, par delà son éloquence, reste maître de ses effets et que son but
est triple: édifier, convaincre et plaire.

### Bossuet orateur et poète

*Ô nuit désastreuse! ô nuit effroyable!*: deux exclamations commencent
cet extrait. Après ces deux exclamations, qui ont pour objet de souligner
les deux premiers adjectifs *désastreuse* et *effroyable* (dont les dernières syllabes ont des sonorités particulièrement sombres), Bossuet cingle les émotions de son auditoire par une phrase où l'allitération en /k/ et /t/ domine:

> retentit tout à coup
> comme un éclat de tonnerre
> cette étonnante nouvelle

Chaque élément allitératif marque comme un coup fatal et progressif
l'annonce de la mort de Madame. Les deux points qui précèdent *Madame
se meurt* sont la dernière étape, la dernière pause avant la révélation de la
catastrophe, comme si l'auteur voulait jusqu'au dernier moment ménager
son auditoire. On remarque le parallélisme de *Ô nuit désastreuse! ô nuit
effroyable!* avec *Madame se meurt! Madame est morte!* On note aussi le jeu
des termes concrets et abstraits entrelacés: nuit *désastreuse* (de *désastre*:
concret), nuit *effroyable* (d'*effroi*: abstrait). Dans cette première partie,
finalement, le passage rapide de *se meurt* à *est morte* met le comble à la
nouvelle et confirme son état définitif.

Dans la troisième partie de l'extrait, on retrouve les mêmes tours
brefs, comme scandés par la douleur et marqués par la forte ponctuation:

si étrange
de toutes parts
de cette princesse
on entend des cris
le désespoir
de la mort

Alors que dans la première partie les adjectifs dominaient la phrase, dans la deuxième partie on constate la récurrence des verbes, et ceci jusqu'à la dernière phrase qui est un appel à la contemplation et à la réflexion, donc où les substantifs prennent le pas sur les verbes. Notez aussi le passage du passé au présent:

sentit frappé
avait désolé
on accourut
on trouve
on entend
on voit

Puis Bossuet termine sur l'image abstraite qu'il essaie d'évoquer depuis le début:

douleur
désespoir
image de la mort

Dans les verbes, on perçoit la méthode de l'orateur et du poète, l'un jouant sur la vigueur de la phrase (son rythme), l'autre sur la force évocatrice du vocabulaire.

La phrase interrogative-négative a une valeur oratoire positive. Bossuet veut suggérer que tout le monde a ressenti la mort de Madame comme une affreuse perte. Les expressions contribuent à évoquer la douleur générale:

tout-à-coup
frappé
tragique accident
désolé
mal si étrange

Après le premier moment de consternation où l'on est encore comme figé par la nouvelle, Bossuet, dans un deuxième mouvement, représente d'une façon dynamique la panique qui suit l'annonce de la nouvelle. Il est à souligner la progression des verbes qui nous rapprochent graduellement de la scène:

> on accourut
> on trouve
> on entend
> on voit

Mais il n'y a pas que la sensibilité populaire. Dans la troisième partie, Bossuet se tourne vers les régions temporelles les plus élevées, vers le roi et sa cour; là aussi la nouvelle de la mort a fait de semblables ravages. Le rythme lent de la phrase souligne chaque titre à la manière d'un glas: *Le roi, la reine, Monsieur* ....Cette lente gradation émotive est renforcée par la répétition successive des trois *tout* destinés à évoquer la totalité de la douleur et la tragédie qui s'installe:

> toute la cour
> tout est abattu
> tout est désespéré

La forme abstraite *tout* ajoute également à l'impression de l'universalité de la douleur.

En orateur chrétien, Bossuet termine son évocation par une citation des écritures qui élève le débat hors du domaine purement humain, car cette mort qui intéresse les hommes intéresse Dieu plus encore.

Par le rythme angoissé et angoissant, par la ponctuation et par la brisure des phrases, Bossuet a su donner l'impression exacte d'une foudroyante catastrophe et de ses effets. En poète, il a su nous prendre par l'émotion, nous étreindre par l'expression du chagrin. Ses apostrophes à la mort, ses exclamations rendent vraie, émouvante et dramatique cette oraison funèbre. Il est difficile de ne pas sentir la force de l'éloquence, le souffle et le mouvement lyrique de ce passage aussi brillant que sonore.

Pourtant on ne peut manquer non plus d'être frappé par la simplicité, le manque d'ornement de tout ce passage. Le vocabulaire de Bossuet est efficace sans être complexe; il est fait d'un mélange de termes concrets et abstraits simplement disposés. C'est le caractère du style classique.

## Conclusion

Dans cet extrait, Bossuet se révèle à nous comme un orateur de tout premier plan. Il correspond complètement à la définition de l'éloquence donnée par La Rochefoucauld: "La véritable éloquence consiste à dire tout ce qu'il faut et à ne dire que ce qu'il faut."

Bossuet cherchait à faire vibrer les émotions, à toucher les cœurs, même les plus endurcis, et à faire réfléchir tous les hommes.

### François René de Chateaubriand

*Mémoires d'Outre Tombe* Livre III (extrait)

Les soirées d'automne et d'hiver étaient d'une autre nature. Le souper fini et les quatre convives revenus de la table à la cheminée, ma mère se jetait, en soupirant, sur un vieux lit de jour de siamoise flambée; on mettait devant elle un guéridon avec une bougie. Je m'asseyais auprès du feu avec Lucile; les domesti-

5 ques enlevaient le couvert et se retiraient. Mon père commençait alors une promenade qui ne cessait qu'à l'heure de son coucher. Il était vêtu d'une robe de ratine blanche, ou plutôt d'une espèce de manteau que je n'ai vu qu'à lui. Sa tête, demi-chauve, était couverte d'un grand bonnet blanc qui se tenait tout droit. Lorsqu'en se promenant il s'éloignait du foyer, la vaste salle était si peu éclairée

10 par une seule bougie qu'on ne le voyait plus; on l'entendait seulement encore marcher dans les ténèbres: puis il revenait lentement vers la lumière et émergeait peu à peu de l'obscurité, comme un spectre, avec sa robe blanche, son bonnet blanc, sa figure longue et pâle. Lucile et moi nous échangions quelques mots à voix basse quand il était à l'autre bout de la salle; nous nous taisions quand il se

15 rapprochait de nous. Il nous disait en passant: "De quoi parliez-vous?" Saisis de terreur, nous ne répondions rien; il continuait sa marche. Le reste de la soirée, l'oreille n'était plus frappée que du bruit mesuré de ses pas, des soupirs de ma mère et du murmure du vent.

(1849–1850)

## Introduction

### Lecture du texte

Il s'agit de la description d'une situation de famille telle que l'auteur se la remémore; il faut donc lire le passage lentement pour évoquer le mouvement de la mémoire. Il faut aussi prêter attention à la ponctuation qui indique la durée des pauses et donne la mesure du rythme.

## Difficultés du texte

| | |
|---|---|
| **lit de jour** | sorte de divan |
| **siamoise flambée** | étoffe de coton, ressemblant aux tissus siamois, que l'on passe à la flamme pour lui ôter son duvet et le rendre lisse |
| **ratine** | étoffe de laine à longs poils |

## Présentation du texte

Ce passage est un extrait de la troisième partie du livre III des *Mémoires d'Outre-Tombe* de Chateaubriand. L'auteur décrit une des nombreuses soirées qu'il a passées avec sa famille au Château de Combourg en Bretagne. Il y évoque l'atmosphère curieuse et pénible qui y régnait au cours de son adolescence.

## Préliminaires à l'analyse

### Plan du texte

Ce passage est d'une profonde unité puisqu'il s'agit de la description d'une soirée au château familial. Il est néanmoins possible de trouver trois parties distinctes:

1. *Les soirées d'automne ... se retiraient*: entrée en matière.
2. *Mon père ... sa marche*: personnage principal.
3. *Le reste de la soirée ... vent*: résumé émotionnel de la soirée.

### Idée principale

Dans ce passage l'auteur fait ressortir la mélancolie de l'atmosphère des soirées de Combourg où tout se trouve au diapason de la tristesse paternelle. Le père de Chateaubriand y apparaît comme une force obscure et morose dont la présence même glace toute vie. Son influence se fait sentir partout:

dehors le vent souffle
l'intérieur est lugubre
la mère soupire
la soirée familiale est faite de silence et d'ennui

**Étude du texte**

La première phrase est une phrase de transition: son intérêt est dans le mot *autre* (nature) qui semble prévenir le lecteur des conséquences. Puis le narrateur présente brièvement la scène et arrange le décor pour l'entrée en scène de l'acteur principal, le père. La rapidité de la présentation est rendue par les deux participes passés:

> le souper **fini**
> les quatre convives **revenus** de la table

Ces deux gestes terminés, le *rituel* de la soirée commence et le reste des verbes, comme il se doit, sont à l'imparfait:

> on mettait
> je m'asseyais
> les domestiques enlevaient
> se retiraient

Tout ceci irait bien dans une situation normale, ce qui n'est pas le cas ici. Certains gestes sont en effet tragiques du fait qu'ils sont rituels, par exemple, cette mère qui *se jetait, en soupirant, sur un vieux lit*; l'imparfait indique que c'est un geste familier et quotidien. Le côté monotone et mécanique de cette scène de famille est rendu aussi par le rythme inégal de la phrase: *Le souper fini / et les quatre convives revenus de la table à la cheminée / ma mère se jetait ... / je m'asseyais ... / les domestiques enlevaient le couvert ... et se retiraient.* Le dernier verbe libère totalement la scène pour l'entrée du père: tout est en ordre et parfaitement immobile.

Dans la deuxième partie l'unité vient du mot *promenade* dans la première phrase et du mot *marche* dans la dernière. Le mouvement du père est vu d'un point fixe—celui des enfants:

> il s'éloignait
> on l'entendait
> il revenait
> il émergeait
> il continuait sa marche

Chateaubriand, après avoir mis en mouvement son personnage, s'arrête un moment pour le décrire: d'abord sa robe, puis sa tête et son bonnet;

et ce dans la lumière pâle d'une bougie qui transforme ce personnage en fantôme (*spectre*). La monotonie n'est interrompue que pour une brusque question du père: *De quoi parliez-vous?*, puis *il continuait sa marche*.

Le mot *soirée* du début revient, mais l'expression *le reste de la soirée* montre bien que le temps s'est écoulé malgré la monotonie du rituel. L'austérité lugubre du père a tout transfiguré en mélancolie, et lui-même est totalement déshumanisé pour n'être plus qu'un *bruit mesuré de pas*.

## Conclusion

Dans ce texte, c'est la qualité des verbes qui ressort d'abord et ce sont eux qui contribuent à créer l'atmosphère monotone et sinistre des soirées telles que Chateaubriand se souvient les avoir passées à Combourg.

L'intérêt de cette description provient aussi de la qualité de l'observation des gestes, des objets et des personnages, et dans la force suggestive du rythme de la prose, la longueur mélancolique des phrases en particulier. Tout, en somme, contribue à évoquer une atmosphère accablante de solitude physique et morale qui est doublement la source de l'âme rêveuse et hypersensible du romantique Chateaubriand.

### Louise Maheux-Forcier

*Amadou* (extrait)

C'était au commencement du monde et j'étais amoureuse d'un arbre. Il était jeune et beau et droit. Je lui parlais la nuit et quand j'étais en colère je lui arrachais une feuille et elle me restait collée dans la main comme une plaie vive. Il est devenu énorme, cet arbre! Je n'aime pas les gens qui engraissent ni les choses
5    qui vieillissent ....Julien a grossi; Il ne faut pas vieillir avec ses amours; il faut en changer. Il ne faut lutter avec rien; j'ai eu tort.

Après cet arbre, j'ai aimé une fille ....Anne! Anne de mon printemps! Merveilleuse petite Anne! Je dénouais ses longs cheveux sur mes épaules; j'écrasais ses petits seins sur ma poitrine. Elle riait. Puis, quand je glissais ma cuisse
10   douce entre ses cuisses elle devenait sérieuse et nous disions les chansons de Bilitis. Je l'avais trouvée comme mon ami Jean découvre ses statuettes en Turquie et ressuscite des villes endormies, enfouies sous la poussière et les avalanches et le temps et le feu. Anne m'attendait du fond des âges couverte de terre et pareille à moi. Je l'ai prise doucement pour ne pas la casser; je sentais palpiter sa petite
15   âme. Cela m'a pris des mois; je l'ai lavée, peignée, parfumée; j'ai mobilisé toutes mes fées pour cela; celle qui fait les baignoires bleues, puis celle qui fait la

mousse dans les baignoires, puis celle qui fait les cheveux comme la laine d'un
animal inconnu, très longs et tout dorés, puis celle qui colore les yeux noirs, plus
noirs encore, puis celle qui va chercher les parfums aux petites fleurs des Mé-
20   téores que je n'ai jamais vues ....Anne était vivante ....Je l'avais créée: elle était
moi-même; elle était mon amour. Elle attendait mon sourire pour rire elle-même
et que je pleure pour sangloter. Nous étions belles et nous étions heureuses. Elle
n'avait pas le droit de mourir: elle m'a trahie.

(1963)

# Introduction

## Lecture du texte

Le caractère de ce morceau émane tout entier des images poétiques
qui sous-tendent l'affectivité provenant d'un mélange d'amour et d'amitié
entre deux jeunes filles, Nathalie et Anne.

## Difficultés du texte

Compléter les réponses laissées en blanc en cherchant le sens des
mots dans le dictionnaire.

**lutter**
**dénouais**
**chansons de Bilitis**            Pierre Louÿs écrivit les *Chansons de Bilitis* (1894),
poèmes en prose où une poétesse grecque (Bilitis),
contemporaine de Sapho, célèbre sa passion pour la
jeune Mnasidika. L'œuvre est d'une grande délicatesse et d'une sensibilité raffinée.

**enfouies**
**fleurs des Météores**           image traduisant l'aspect féerique et céleste d'Anne

## Présentation du texte

Ce passage est tiré d'un court roman, le premier d'une trilogie comportant *L'Île joyeuse* (1964) et *Une forêt pour Zoé* (1969) et dont *Amadou*
surtout révèle une prose poétique d'une éclatante beauté.

## Préliminaires à l'analyse

## Plan du texte

1. *C'était au commencement du monde ... j'ai eu tort*: début d'une mythologie portative créée par Nathalie pour combler sa solitude et le vide de
son existence.

2. *Après cet arbre ... Anne était vivante*: transfert émotionnel opéré par Nathalie qui sculpte une Anne hors tout temps et espace.

3. *Je l'avais créée ... elle m'a trahie*: un seuil est franchi entre la création et la destruction. S'agit-il du pouvoir transformateur d'un onirisme magique? D'une frayeur cauchemardesque? D'une imagination troublante avivée par un trop profond isolement et un grave manque d'affection?

**Idée principale**

Cet extrait décrit les différentes étapes d'une chimère (ou d'une réalité) composée de trois éléments principaux: la narratrice, l'arbre fabuleux et Anne.

Tout est perçu en fonction de cette narratrice, ce qui prête au texte une unicité d'optique dense et serrée.

**Étude du texte**

Le lecteur devra tenir compte du vague, de la complexité d'une rêverie, pour ne changer de ton et de rythme qu'à la fin avec l'annonce brutale de la mort d'Anne, mort ressentie comme une trahison.

À retenir aussi l'impression que des souvenirs (ou serait-ce plutôt des désirs inassouvis?) remontent à la mémoire (ou au conscient) et qu'ils sont revécus par la narratrice.

Les éléments dans cette vision conjuguent une parabole d'êtres qui habitent un monde mythique dans lequel le temps de l'horloge et l'espace de la géographie n'ont plus de significations ni de valeurs quotidiennes: *C'était au commencement du monde*, là où Anne *merveilleuse* attendait Nathalie *du fonds des âges*.

On apprécie la texture de l'évocation qui concrétise peu, mais qui valorise certains objets privilégiés. L'arbre est *jeune et beau et droit*, et pour autant qu'il le demeure il est lieu d'échange et de communication. Dès qu'il est métamorphosé en "adulte," Nathalie le rejette, car tout ce qui "engraisse" et "vieillit" est considéré la cause de salissure et dégradation.

Par contre, Anne est la fragilité même:

> petite
> petits seins
> petites fleurs des Météores

La correspondance établie entre Anne et les immémoriales *statuettes*, survivantes du temps et du feu, rehausse la notion d'un personnage-idole, d'un précieux catalyseur qui transforme des objets domestiques les plus banals en des trésors dorés et inconnus.

Comme il en était le cas du jeune arbre, Anne est la source de partage—ici de rires et de sourires, de sanglots et de chansons—tandis que Nathalie en est le réceptacle.

Peu à peu l'identification se fait entre ces deux êtres. Ce qui était resté séparé, le *il* de l'arbre et le *je* de Nathalie, devient vite auprès d'Anne le *nous* unique de l'amitié sensuelle. Ce n'est pas par hasard que ce soient les chansons de Bilitis auxquelles la narratrice fait allusion. L'image frappante de la résurrection, d'ailleurs, rapproche Anne ressuscitée *des villes endormies, enfouies sous la poussière* et Nathalie *couverte de terre et pareille à* [elle].

Maheux-Forcier peuple sa fable de *fées* bénévoles permettant à la force créatrice symbolisée par Nathalie de réaliser la fusion d'un soi réel et d'un soi rêvé, voulu, nécessaire. Nathalie s'écrit: elle était moi-même. Songe ou mensonge? L'auteur laisse entrevoir une thématique qui forme la quintessence de son œuvre: les images du vieillissement de l'arbre et de la mort d'Anne relatent l'acquis éphémère de la jeunesse, la beauté et la sensibilité, une sensibilité qui est à la fois la sensualité de l'amitié et la sexualité de l'amour.

## Conclusion

La prose poétique de Louise Maheux-Forcier traduit bien l'oscillation entre une existence routinière et égoïste et la plénitude d'une vie qui garde intact la psyché du *je* tout en la partageant totalement avec ce que l'auteur nomme la *vision fugitive* de l'*autre*.

Comme l'exprimera plus loin Nathalie elle-même: *Je n'étais plus seule: j'étais seule avec Anne!*

### Louis-Ferdinand Céline

*Mort à crédit* (extrait)

Un soir, ma mère est même pas revenue pour dîner ... Le lendemain, il faisait nuit encore quand l'oncle Édouard m'a secoué au plume pour que je me rha-

bille en vitesse. Il m'a prévenu … C'était pour embrasser Grand-mère … Je comprenais pas encore très bien … J'étais pas très réveillé … On a marché vite …
5  C'est rue du Rocher qu'on allait … à l'entresol … La concierge s'était pas couchée … Elle arrivait avec une lampe exprès pour montrer le couloir … En haut, dans la première pièce, y avait maman à genoux, en pleurs contre une chaise. Elle gémissait tout doucement, elle marmonnait de la douleur … Papa il était resté debout … Il disait plus rien … Il allait jusqu'au palier, il revenait encore …
10  Il regardait sa montre … Il trifouillait sa moustache … Alors j'ai entrevu Grand-mère dans son lit dans la pièce plus loin … Elle soufflait dur, elle raclait, elle suffoquait, elle faisait un raffut infect … Le médecin juste, il est sorti … Il a erré la main de tout le monde … Alors moi, on m'a fait entrer … Sur le lit, j'ai bien vu comme elle luttait pour respirer. Toute jaune et rouge qu'était maintenant
15  sa figure avec beaucoup de sueur dessus, comme un masque qui serait en train de fondre … Elle m'a regardé bien fixement, mais encore aimablement Grand-mère … On m'avait dit de l'embrasser … Je m'appuyais déjà sur le lit. Elle m'a fait un geste que non … Elle a souri encore un peu … Elle a voulu me dire quelque chose … Ça lui râpait le fond de la gorge, ça finissait pas … Tout de même elle
20  y est arrivée … le plus doucement qu'elle a pu … "Travaille bien mon petit Ferdinand!" qu'elle a chuchoté … J'avais pas peur d'elle … On se comprenait au fond des choses … Après tout c'est vrai en somme, j'ai bien travaillé … Ça regarde personne ….

À ma mère, elle voulait aussi dire quelque chose. "Clémence ma petite fille
25  … fais bien attention … te néglige pas … je t'en prie …" qu'elle a pu prononcer encore … Elle étouffait complètement … Elle a fait signe qu'on s'éloigne … Qu'on parte dans la pièce à côté … On a obéi … On l'entendait … Ça remplissait l'appartement … On est restés une heure au moins comme ça contractés. L'oncle il retournait à la porte. Il aurait bien voulu la voir. Il osait pas désobéir. Il pous-
30  sait seulement le battant, on l'entendait davantage … Il est venu une sorte de hoquet. Ma mère s'est redressée d'un coup … Elle a fait un ouq! Comme si on lui coupait la gorge. Elle est retombée comme une masse, en arrière sur le tapis entre le fauteuil et mon oncle … La main si crispée sur sa bouche, qu'on ne pouvait plus la lui ôter …. Quand elle est revenue à elle: "Maman est morte! …"
35  qu'elle arrêtait pas de hurler … Elle savait plus où elle se trouvait … Mon oncle est resté pour veiller … On est repartis, nous au Passage, dans un fiacre ….

On a fermé notre boutique. On a déroulé tous les stores … On avait comme une sorte de honte … Comme si on était des coupables … On osait plus du tout remuer, pour mieux garder notre chagrin … On pleurait avec maman, à même
40  sur la table … On n'avait pas faim … Plus envie de rien … On tenait déjà pas beaucoup de place et pourtant on aurait voulu pouvoir nous rapetisser toujours … Demander pardon à quelqu'un, à tout le monde … On se pardonnait les uns aux autres … On suppliait qu'on s'aimait bien … On avait peur de se perdre encore … pour toujours … comme Caroline ….

45  Et l'enterrement est arrivé … L'oncle Édouard, tout seul, s'était appuyé toutes les courses … Il avait fait toutes les démarches … Il en avait aussi de la peine … Il la montrait pas … Il était pas démonstratif … Il est venu nous prendre au Passage, juste au moment de la levée du corps ….

Tout le monde ... les voisins ... des curieux ... sont venus pour nous dire:
50  "Bon courage!" On s'est arrêtés rue Deaudeville pour chercher nos fleurs ... On a pris ce qu'il y avait de mieux ... Rien que des roses ... C'étaient ses fleurs préférées ....

(1936)

## Introduction

### Lecture du texte

Dans ce passage deux notes dominent et alternent: une note âpre et amère, et une note de tendresse voilée par le réalisme populaire de Céline. Ce phénomène-ci en particulier en est un que l'on observe dans toute son œuvre.

### Difficultés du texte

Remarquer d'abord l'omission volontaire de la particule de négation *ne*: c'est un des éléments du style populaire de Céline.

| | |
|---|---|
| **au plume** | argot pour *au lit* |
| **Elle soufflait dur** | *dur* est ici employé familièrement comme adverbe: *elle soufflait très fort* (c'est-à-dire en faisant beaucoup d'efforts et de bruit) |
| **un raffut infect** | argot pour un bruit très désagréable à entendre |
| **Le médecin juste** | emploi très familier de *juste: le médecin (venait) justement de ...* |
| **rouge qu'était maintenant sa sa figure** | emploi très populaire et incorrect du pronom relatif *que* pour *sa figure était maintenant très rouge* |
| **L'oncle Édouard s'était appuyé toutes les courses** | argot pour *L'oncle Édouard avait fait tous les achats* |

### Présentation du texte

Louis-Ferdinand Destouches (1894–1961) est connu sous le pseudonyme de Louis-Ferdinand Céline. Son œuvre est aussi étrange et volcanique que sa vie. Elle appartient au XXe siècle par ses thèmes de mépris et de révolte; elle est aussi la création d'un tempérament prodigieux servi par beaucoup de talent et de sensibilité. Le ton des œuvres de Céline, *Voyage au bout de la nuit, Mort à crédit,* par exemple, est marqué par le pessimisme. Céline a dépeint d'une manière réaliste et sans indulgence la condition humaine. La langue de l'auteur est pourtant ce qui frappe d'abord le lecteur à cause de sa variété et de son pittoresque familier et populaire.

*Mort à crédit*, dont ce passage est extrait, est un livre difficile à décrire. Céline, plus encore que dans *Voyage au bout de la nuit*, abandonne sa plume aux impulsions de son imagination et de sa mémoire, et évoque les aventures du jeune Ferdinand, son éducation, sa jeunesse, sa famille, ses peurs, ses désirs, et comment il échappe au milieu familial.

Le jeune Ferdinand connaît de rares moments de bonheur. Dans sa famille qu'il déteste, il aime deux personnages: son oncle Édouard et surtout sa Grand-mère Caroline, gentille et généreuse. C'est de la mort de cette grand-mère chérie qu'il s'agit dans ce texte.

### Préliminaires à l'analyse

**Plan du texte**

1. *Un soir ma mère ... il trifouillait sa moustache*: introduction.
2. *Alors j'ai entrevu ... ne pouvait plus la lui ôter*: agonie, attente de la mort et la mort.
3. *Quand elle est revenue à elle ... la levée du corps*: effet de la mort; réactions diverses.
4. *Tout le monde ... C'étaient ses fleurs préférées*: préliminaires de l'enterrement.

**Idée principale**

Il s'agit de la narration de la mort de la grand-mère de l'auteur—la description réaliste de l'agonie, et la description des gestes de la famille et des autres devant cette mort. L'auteur ne parle pas de lui, mais son amour pour la morte éclate tout au long du texte dans la manière dont il décrit les derniers moments de Caroline et dans ces derniers mots pleins de tendresse: *Rien que des roses ... C'étaient ses fleurs préférées*.

**Étude du texte**

Dans l'introduction de l'extrait, l'auteur réussit à créer tout de suite une atmosphère de mystère et de tension suggestive d'une tragédie: *Ma mère est même pas revenue pour dîner*. Cette phrase est suivie d'une série d'actions rapides et désordonnées évoquées par les verbes brusquement juxtaposés et par la rupture des membres de phrases, représentée par la répétition des trois points de suspension: *M'a secoué ... C'était pour embrasser Grand-mère ... Je comprenais pas ... C'était ... qu'on allait ... La concierge s'était pas couchée ... elle arrivait ....*On reconnaît déjà ici l'emploi voulu par Céline de formes incorrectes de syntaxe populaire: *Ma mère est pas revenue*, et de mots ou expressions très familières ou d'argot: *m'a secoué au plume.*

L'intérêt de la deuxième partie de l'extrait consiste en la description concise, mais pleine de relief, des gestes, des attitudes du père et de la mère du narrateur devant le lit de l'agonisante. La mère est immobile, écrasée de douleur *à genoux, en pleurs contre une chaise. Elle gémissait ... Elle marmonnait.* Le père, lui, est tout embarrassé de lui-même; il va et vient. Sa description est-elle aussi parfaite par son pouvoir évocateur dans sa concision; seuls les gestes mécaniques et vains ressortent ici, traduits par la précipitation brusque des verbes à l'imparfait: *il allait, il revenait, il regardait, il trifouillait*—tout cela soutenu par les trois points qui sont une suggestion de la vanité des actions qui sont décrites.

La description de l'agonie de Caroline est un chef-d'œuvre d'art réaliste et de brièveté: ce sont les verbes qui prédominent, mais, cette fois ils sont soutenus par les adverbes et par les qualificatifs:

> Elle soufflait **dur**
> elle raclait
> elle suffoquait
> elle faisait **un raffut infect**
> elle luttait
> Tout **jaune et rouge**
> **avec beaucoup de sueur**

Jusqu'alors l'enfant regardait sans être vu (imparfait descriptif). Maintenant *Elle m'a regardé*, et les imparfaits changent en passés composés; l'enfant revit la scène:

> Elle m'a fait un geste
> Elle a voulu me dire
> Elle a souri

> Elle a voulu dire
> elle a chuchoté

Le rappel du temps, de la longueur de l'agonie, est exprimé par le retour de l'imparfait:

> Ça lui râpait
> ça finissait pas

À ces deux démonstratifs neutres (*ça*) il faut en ajouter un autre: *ça regarde personne.* Ils représentent le sentiment non d'indifférence, mais de peur, de malaise de l'enfant devant les bruits et les souffrances de l'agonie.

L'attente de la mort (3e partie de l'extrait) est rendue plus pénible par les silences (les points de suspension), par l'emploi elliptique des verbes et par la brièveté des phrases:

> Qu'on parte
> On a obéi
> On l'entendait
> Ça remplissait
> On est restés
> L'oncle il retournait à la porte
> Il aurait bien voulu la voir
> Il osait pas désobéir

La mort détruit la régularité des phrases, la succession des verbes:

Progression: *Il est venu une sorte de hoquet. Ma mère s'est redressée.*

Surprise: *Elle a fait un ouq!* (Onomatopée brisée par le son guttural et étouffé /k/.) *Elle est retombée.*

Mort violente, mort rapide qui expriment la violence et la rapidité. Le vocabulaire, les phrases brèves, la ponctuation et l'onomatopée du hoquet *ouq*, ne font qu'accélérer davantage le rythme. Les verbes eux-mêmes qui sont ici au passé composé et qui ne reviennent à l'imparfait qu'après la mort de Caroline, contribuent au même effet de rapidité fatale.

L'effet de la mort est un accablement total, une brisure du rythme qui est traduite plus encore par le style que par les mots. Les phrases sont brèves et ne présentent que des gestes mécaniques d'arrêt et de chagrin:

> *On a fermé notre boutique* (arrêt).

*On a déroulé tous les stores* (toute activité va s'arrêter).
*On avait comme une sorte de honte* (chagrin).

On remarque aussi le passage du *elle* qui parlait de la grand-mère lorsqu'elle était vivante (*Elle soufflait ... Elle a voulu ... Elle a fait un ouq!*) au *on* qui exprime bien la masse familiale: *On pleurait ... On se pardonnait ... On suppliait ... On avait peur.* En opposition à ces *on*, voici l'oncle Édouard qui, lui, est appelé par son nom; *Il est pas démonstratif,* mais il a bon cœur, il est le seul à réagir quand tous les autres sont perdus dans leur chagrin: il *s'était appuyé toutes les courses ... Il avait fait toutes les démarches.*

Le rythme de la narration reste le même ici encore car Céline garde les mêmes pauses, les mêmes trois points qui rendent au niveau des mots ce qui se traduirait au niveau des sons par une voix grise, neutre.

La dernière partie de l'extrait prolonge l'observation des gestes habituels qui accompagnent une mort:

tout le monde
les voisins
des curieux

Le rythme est toujours coupé; les verbes *sont venus, On s'est arrêtés, On a pris* représentent seulement le côté naturel et habituel cité plus haut. Mais soudain, ces mots: *On a pris ce qu'il y avait de mieux ... Rien que des roses ...* et *C'étaient ses fleurs préférées*: un éclat de tendresse contenue se traduit par le possessif *ses fleurs,* un rayon de soleil dans la grise monotonie du reste du passage. De plus, l'expression *ses fleurs préférées* révèle derrière la réserve de l'auteur le grand amour qu'il portait à sa Grand-mère Caroline.

## Conclusion

Voici donc un passage descriptif d'un profond réalisme d'idées et de style qui expose tout de même par son rythme et ses expressions une expérience qui a profondément marqué la sensibilité du jeune Louis-Ferdinand Céline.

On reconnaît chez Céline un écrivain dont l'œuvre prend son sens à partir d'un style considéré plutôt anarchisant à l'époque. Et pourtant cette

technique du style ne dissimule pas du vide: le manque d'émotion, la rugo-
sité du langage traduisent d'autant mieux l'émotion de Céline. Et son cyni-
sme qu'il expose d'un rythme neutre et régulier, cache, au fond, un profond amour des êtres humains.

L'intérêt de ce passage est d'abord de faire voir un aspect important
de la technique et de l'âme de Céline et de donner un exemple de l'énergie
qui peut être tirée des mots les plus familiers, des verbes les plus simples,
d'une syntaxe incorrecte et des expressions les plus populaires.

### Marguerite Duras

*Dix heures et demie du soir en été* (extrait)

Elle s'avance machinalement du même pas tranquille que lui, Rodrigo
Paestra, lorsqu'elle l'a quitté à quatre heures ce matin. Le chemin se creuse tant
que personne ne doit plus la voir. Sauf Pierre et Claire.

Comment nommer ce temps qui s'ouvre devant Maria? Cette exactitude
5    dans l'espérance? Ce renouveau de l'air respiré? Cette incandescence, cet éclate-
ment d'un amour enfin sans objet?

Ah! il doit y avoir au fond de la vallée un torrent où roulent encore les eaux
lumineuses de l'orage.

Elle ne s'est pas trompée. L'espérance était exacte. Le blé tout à coup, sur
10    sa gauche se troue. Là, elle ne les voit plus. Elle se trouve de nouveau seule avec
lui. Elle écarte les blés et pénètre dedans. Il est là. Au-dessus de lui, le blé se re-
coupe avec naïveté. Sur une pierre, le blé se fût recourbé de la sorte, pareille-
ment.

Il dort.

15    Les charrettes colorées qui sont passées ce matin dans le soleil levant ne
l'ont pas réveillé. Il est là où il s'est posé, où il s'est jeté, foudroyé, lorsqu'elle
l'a quitté. Il est couché sur le ventre, les jambes ineffablement repliées sur elles-
mêmes, à peine, enfantinement, dans un instinct de leur confort irréductible au
malheur. Les jambes qui ont porté Rodrigo Paestra dans son malheur si grand
20    jusqu'à ce blé se sont accommodées, seules, et vaillantes, de son sommeil.

Les bras sont autour de la tête, de même que les jambes, dans un abandon
enfantin.

—Rodrigo Paestra, appelle Maria.

Elle se penche. Il dort. Elle le portera en France ce corps-là. Elle l'em-
25    mènera loin, l'assassin de l'orage, sa merveille. Ainsi il l'attendait. Il crut ce
qu'elle lui dit ce matin. Des envies lui viennent de se couler le long de son corps,
dans le blé, afin qu'à son réveil il reconnaisse quelque objet du monde, le visage
anonyme et reconnaissant d'une femme.

—Rodrigo Paestra.

30     Elle appelle tout bas dans une crainte et un désir égaux de le réveiller, à
demi courbée sur lui. Pierre et Claire ne doivent plus ni la voir ni l'entendre. Ni
même l'imaginer.
       —Rodrigo Paestra, dit-elle très bas.
       Elle se croit saoule encore, tellement lui vient de plaisir à retrouver Rodrigo
35   Paestra. Elle le crut ingrat. Il était là, à l'attendre, elle, à l'heure exacte. Ainsi,
vient le printemps.
       Elle crie plus fort.
       —Rodrigo Paestra. C'est moi. C'est moi.
       Elle se penche davantage et l'appelle. Cette fois-ci de plus près, de plus
40   bas.
       Et c'est alors qu'elle est près de lui à le toucher qu'elle s'aperçoit que Ro-
drigo Paestra est mort.
       Ses yeux sont ouverts face au sol. Cette tache autour de sa tête ainsi que sur
les tiges de blé, qu'elle croyait être son ombre, est son sang. Il y a longtemps que
45   cela s'est produit, peu après l'aurore sans doute, il y a six ou sept heures. Contre
le visage, abandonné tel un jouet dans l'assaut d'un sommeil d'enfant, il y a le revolver de Rodrigo Paestra.

(1960)

## Introduction

### Lecture du texte

   La lecture doit traduire les méandres des pensées et des fantasmes de
Maria, le protagoniste, qui tente désespérément de s'échapper d'un amour
conjugal éteint et de l'ennui qui la mine.

### Difficultés du texte

   Compléter les réponses laissées en blanc en cherchant le sens des
mots dans le dictionnaire.

| | |
|---|---|
| se recoupe | |
| se fût recourbé | se serait recourbé |
| foudroyé | [ici, mot à double sens] |
| ineffablement | d'une manière impossible à exprimer par des paroles |
| irréductible au malheur | que le malheur même ne suffit pas à expliquer |
| assassin de l'orage | il s'agit de Rodrigo Paestra, aperçu pendant l'orage de la nuit. |
| assaut | lutte, attaque |

### Présentation du texte

   Dans ce roman, Maria, le personnage principal, son mari Pierre, sa
fille Judith et leur amie Claire passent leurs vacances en Espagne. Une

tempête violente les oblige à rester la nuit dans un petit village. Du balcon de son hôtel, à dix-heures et demie du soir, Maria aperçoit l'assassin Rodrigo Paestra accroupi sur le toit d'une maison. Au même moment elle voit Pierre et Claire qui s'embrassent sur un balcon supérieur de l'hôtel. À l'insu des autres, Maria quitte sa chambre afin d'aider Paestra à s'évader dans un champ de blé à l'extérieur du village. Le lendemain matin, accompagnée de Pierre et Claire, Maria s'y rend pour continuer le voyage vers Madrid. Elle découvre Paestra mort.

## Préliminaires à l'analyse

### Plan du texte

1. *Elle avance machinalement ... eaux lumineuses de l'orage*: Maria, envahie par le doute et la peur, se pose une litanie de questions inquiétantes.
2. *Elle ne s'est pas trompée ... Ainsi, vient le printemps*: description du champ de blé et de Rodrigo Paestra, ponctuée par l'expression *il dort*.
3. *Elle crie plus fort ... le revolver de Rodrigo Paestra*: douloureux passage de l'espoir au désespoir—*Rodrigo Paestra est mort*.

### Idée principale

Duras trace les fluctuations psychiques qui mènent à une prise de conscience.

### Étude du texte

Dans cet extrait hallucinatoire on note qu'au contraire des autres personnages qui ne sont identifiés que par un prénom ("Maria," "Pierre," "Claire"), il s'agit toujours de "Rodrigo Paestra." Il est ainsi évoqué non moins de dix fois, ce qui lui accorde l'identité d'un monument de douleur et d'un démiurge de libération.

Dès le début, Duras opte pour des images déconcertantes qui relèvent de la dialectique émotive de la situation: le chemin *se creuse*, le blé *se troue*, et Maria se déplace mentalement au *fond de la vallée*.

Comme pour contrebalancer ces images sombres, l'auteur en ajoute d'autres qui évoquent le possible, car Maria habite encore dans l'espérance de l'amour du *renouveau*:

temps qui s'ouvre

    incandescence
    éclatement
    eaux lumineuses

Pourtant l'imagerie aquatique est composée d'eau trouble, *d'un torrent* et d'un *orage* qui, tout en rappelant les fantasmagories nocturnes de Maria pendant la tempête, qualifient de façon prémonitoire l'acte de dormir comme étant autre qu'un sommeil paisible.

Dans la deuxième partie, Duras dépeint exprès une scène pastorale de *charrettes colorées* par un matin ensoleillé. Mais à bien remarquer le choix de certains verbes. De la constatation anodine *il dort*, nous passons, en une seule phrase, à l'énoncé

        là où il s'est **posé**, là où il s'est **jeté**, **foudroyé**

dont la progression et l'intensité sont hautement révélatrices.

À cette progression d'ailleurs s'oppose une régression significative par l'emploi de l'image matricielle de Rodrigo Paestra replié sur lui-même *enfantinement*, soulignant le thème de l'instinct et de l'abandon protecteurs contre le malheur.

Les images du faux sommeil et du réveil qui ne sera pas, ainsi que du *il* dormeur maintenant devenu un *corps*, font valoir davantage l'irréalité de la scène. En outre, les *envies* sexuelles de Maria la motivent à stimuler ses puissances d'affabulation voulues et dont l'objet est précisément Rodrigo Paestra. Le pathétique de l'aliénation éclate chez Maria lorsqu'elle ne se voit qu'un *visage anonyme et reconnaissant d'une femme* qui éperdument s'écrie devant le cadavre de ses fantasmes: *Rodrigo Paestra. C'est moi. C'est moi.*

Tout se transfigure dans la dernière partie moyennant la reprise des images pivotes que nous avons déjà signalées. La cérémonie d'un sauveur créé, d'un amour irréalisable prend fin: *Rodrigo Paestra est mort.* Ses yeux sont ouverts face au sol aride, comme le temps l'était pour Maria devant *un amour enfin sans objet.* L'ombre du repos n'est en effet que tache de sang, le jouet du bonheur que l'outil du malheur.

Par le rapprochement déroutant qui clore le passage, la dialectique durassienne de l'amour partagé et de la solitude subie se réalise *dans l'assaut d'un sommeil d'enfant.*

## Conclusion

Marguerite Duras met au premier plan un protagoniste en proie aux désordres qui naissent lorsque le virtuel impossible à réaliser est vécu comme s'il était le réel désiré—ce qui ne peut s'avérer être qu'une tapisserie d'illusions.

# PROSE: TEXTES À PLANS-GUIDES

## Julien Gracq

*Au château d'Argol* (extrait)

La nuit baignait tout le paysage avec une capiteuse douceur. La nuit dispensait ses trésors. Dans le ciel chaque étoile avait pris sa place avec la même exactitude que dans une carte sidérale et présentait une image tellement probante de la
nuit telle qu'on la connaissait de toujours et qu'on pouvait à bon droit l'attendre,
5    que le cœur était touché devant cette scrupuleuse, naïve et presque enfantine re-
constitution comme devant l'acte d'une bonté insondable. La nuit dispensait ses
trésors. L'air était d'une fraîcheur délicieuse. Et lorsque Heide et Albert arrivent
au bord des parapets de pierre, voici qu'une émotion bizarre les étreint au même
instant. Comme baignés de la lueur d'une rampe, les têtes rondes des arbres
10    émergent partout des abîmes, serrées en silence, venues des abîmes du silence autour du château comme un peuple qui s'est rassemblé, conjuré dans l'ombre, et
attend que les trois coups résonnent sur les tours du manoir. Cette attente muette,
obstinée, immobile, étreint l'âme qui ne peut pas ne pas répondre à cet insensé,
ce merveilleux espoir. Ils restent là tous deux, pâles, sur la haute terrasse, et pris
15    tout à coup dans le rayon de ce regard de la lune et de la forêt, ils n'osent reculer, l'œil rivé à ce bouleversant théâtre. Ils n'osent se regarder, car tout en cet
instant prend à l'improviste un trop soudain caractère de gravité. Ils ne savent ce
qu'ils vont devenir, ni quoique ce soit de ce qui sera décidé pour eux. Voici la
nuit qui leur ressemble. Alors Heide, avec un frisson de toute sa conscience (sans
doute en tant que femme elle était moins invinciblement timide et sans doute Albert ne l'aimait-il pas), posa sur la main d'Albert une main froide comme le marbre et brûlante comme le feu; avec la lenteur d'une torture, elle noua ses doigts
aux siens, chacun de ses doigts aux siens avec force, avec frénésie, et attirant sa
tête vers la sienne elle le força à prendre un long baiser qui secoua tout son corps
d'un éclair dévastateur et sauvage. Et maintenant, qu'ils s'en aillent à travers les
escaliers, les salles, les lugubres ténèbres du château vide—ils ne pourront libé-
rer leurs cœurs de la pesanteur alarmante de *l'événement*.

(1938)

# Introduction

### Lecture du texte

Pour ce texte d'un grand pouvoir suggestif, la lecture devra faire ressortir le mystère du cadre naturel et souligner les thèmes de la volonté et de la soumission chez l'un et l'autre des protagonistes en lutte dans un conflit que déclenche l'un des deux.

### Difficultés du texte

Rechercher les mots et les expressions difficiles.

### Présentation du texte

Cet extrait transcrit, dans un contexte nocturne menaçant, une confrontation pleine d'émotions confuses et les conséquences de cette confrontation.

# Préliminaires à l'analyse

### Plan du texte

Faire le plan selon la méthode indiquée.

### Idée principale

Le passage reprend de façon autre que chez les Romantiques la thématique des rapports entre les êtres et la nature, ainsi que les thèmes de la solitude et de l'absence, de la lutte menée contre le temps et la fatalité.

### Étude du texte

Techniques de présentations et idées sont étroitement liées chez Julien Gracq, aussi convient-il de les étudier ensemble. On remarquera en particulier la modulation des images se reportant d'un côté à la nature et d'un autre côté aux sentiments chez les deux personnages. Dans ce mini-drame fantastique, on notera également les jeux dialectiques entre le Bien et le Mal, la Liberté et l'Esclavage.

# Conclusion

Dans ce passage où plane un charme angoissant, les images visuelles et auditives et le vocabulaire théâtral se prêtent à concrétiser l'imposition du destin sur deux êtres à la fois liés et repoussés par le sexuel naissant.

### Jules-Amédée Barbey d'Aurevilly

*Un prêtre marié* (extrait)

"Cet étang qui se prolongeait bien au-delà de ce château, assis et oublié dans son bouquet de saules mouillés et entortillés par les crêpes blancs d'un brouillard éternel, cet étang qui s'enfonçait dans l'espace comme une avenue liquide—à perte de vue—frappait le Quesnay de toute une physionomie!
5    Les mendiants du pays disaient avec mélancolie que cet étang-là était long et triste comme un jour sans pain. Et de fait, avec sa couleur d'un vert mordoré comme le dos de ses grenouilles, ses plaques de nénuphars jaunâtres, sa bordure hérissée de joncs, sa solitude hantée seulement par quelques sarcelles, sa barque à moitié submergée et pourrie, il avait pour tout le monde un aspect sinistre et
10   même pour moi, qui suis né entre deux marais typhoïdes, par un temps de pluie, et qui tient du canard sauvage pour l'amour des profondes rivières, au miroir glauque des ciels gris et des petites pluies qui n'en finissent pas, au fond des horizons brumeux.
     J'ai vu pas mal d'eau dans ma vie, mais la physionomie qu'avait cette es-
15   pèce de lac m'est restée, et jamais, depuis que les événements m'ont roulé, ici et là, je n'ai retrouvé, aux endroits les plus terribles d'aspect ou de souvenir pour l'imagination prévenue, l'air qu'avait cet étang obscur, cette place d'eau ignorée, et dont certainement, après moi, personne ne parlera jamais! Non! Nulle part je n'ai revu place d'eau plus tragique [...]
20   Du reste [...] l'étang du Quesnay avait ses mystères. On s'y noyait très bien, et très souvent à la brune. Étaient-ce des assassinats, ou des accidents, ou des suicides, que ces morts fréquentes? ....Qui le savait et qui s'en inquiétait? ....L'eau silencieuse et morne venait jusqu'à la route. Y pousser un homme qui passait au bord était aisé. Y tomber, plus facile encore. Avant mon âge de douze ans, j'en avais déjà vu retirer bien des cadavres ...."

(1865)

## Introduction

Lecture du texte
    Le morceau est un savant mélange du mystérieux et de l'ironique. À noter aussi l'aspect impressionniste du tableau et l'importance de l'optique subjective du narrateur face aux événements et au passage du temps.

**Difficultés du texte**
    Rechercher les mots et les expressions difficiles.

## Présentation du texte

L'extrait témoigne de la dextérité remarquable avec laquelle l'auteur réussit à livrer une scène ou plutôt des scènes des plus précises (moyennant le vocabulaire) et en même temps des plus équivoques (par le contenu).

## Préliminaires à l'analyse

### Plan du texte

Faire le plan selon la méthode indiquée.

### Idée principale

Barbey d'Aurevilly, dans ce morceau, ne *dit* jamais la situation directement, mais l'*indique* de manière oblique afin de forcer le lecteur à reculer devant la puissance flottante de l'inconnu.

### Étude du texte

À partir de la notation d'un objet tout ordinaire et pourtant obsessionnel (un étang) et par une élaboration détaillée de sa *physionomie*, le narrateur fait (ap)paraître un univers de malaise voisin de la terreur. Il s'agit d'analyser ce qui semble être en apparence le paradoxal entre une description d'un objet qui stagne (voir, par exemple, le choix des mots à valeur affective—verbes, substantifs, adjectifs) et des pressentiments qui possèdent une force quasiment intenable.

## Conclusion

Cet extrait présente le fusionnement d'un réalisme émotif et d'un impressionnisme descriptif, le tout par le procédé narratorial du monologue intérieur de la part d'un observateur, impliqué ou non-impliqué.

### Sidonie Gabrielle Colette

*Les Vrilles de la vigne* (extrait)

"J'appartiens à un pays que j'ai quitté. Tu ne peux empêcher qu'à cette heure s'y épanouisse au soleil toute une chevelure embaumée de forêts. Rien ne peut empêcher qu'à cette heure l'herbe profonde y noie le pied des arbres, d'un vert délicieux et apaisant dont mon âme a soif ….Viens, toi qui l'ignores, viens

5      que je te dise tout bas: le parfum des bois de mon pays égale la fraise et la rose. Tu jurerais, quand les taillis de ronces y sont en fleurs, qu'un fruit mûrit on ne sait où,—là-bas, ici, tout près,—un fruit insaisissable qu'on aspire en ouvrant les narines. Tu jurerais, quand l'automne pénètre et meurtrit les feuillages tombés, qu'une pomme trop mûre vient de choir, et tu la cherches et tu la flaires, ici,
10    là-bas, tout près ....

      Et si tu passais, en juin, entre les prairies fauchées, à l'heure où la lune ruisselle sur les meules rondes qui sont les dunes de mon pays, tu sentirais, à leur parfum, s'ouvrir ton cœur. Tu fermerais les yeux [...] et tu laisserais tomber ta tête, avec un muet soupir ....
15      Et si tu arrivais, un jour d'été, dans mon pays, au fond d'un jardin que je connais, un jardin noir de verdure et sans fleurs, si tu regardais bleuir, au lointain, une montagne ronde où les cailloux, les papillons et les chardons se teignent du même azur mauve et poussiéreux, tu m'oublierais, et tu t'assoirais là, pour n'en plus bouger jusqu'au terme de ta vie. "

(1908)

## Introduction

### Lecture du texte

Il s'agit d'un passage descriptif d'une émotionnalité primordiale.

### Difficultés du texte

Rechercher les mots et les expressions difficiles.

### Présentation du texte

Sous la guise d'un monologue intérieur ce morceau est un dialogue entre une narratrice et un personnage dont l'identité demeure inconnue.

## Préliminaires à l'analyse

### Plan du texte

Faire le plan selon la méthode indiquée.

### Idée principale

L'extrait met en valeur la notion d'une permanence certaine, malgré le temps qui use, et la nature et l'être humain qui y habite. La connivence innocente entre ces deux remonte à un profond amour du pays natal.

## Étude du texte

Par l'ampleur lyrique et poétique du style (typique) de Colette, et par l'emploi du *je* et du *tu* familier, un rapport intime se resserre dans lequel le lecteur se sent devenir lui-même le *tu*, l'autre *je* dont il est le sosie. L'envoûtement va en englobant le paysage entier et en télescopant le passé et l'avenir en un présent à durée sans fin. Le virtuel (à remarquer la fonction des verbes à l'imparfait et au conditionnel) se transforme en un réel: *jusqu'au terme de* [la] *vie*.

## Conclusion

Colette, dans cette méditation, fait appel à la poésie ensorcelante de la nature pour traduire la joie et le bonheur, la sensualité de vivre sa vie.

### Agota Kristof

*Le Grand Cahier* (extrait)

Nous disons:
—Vous voulez traverser la frontière [...] La frontière est infranchissable. Nous expliquons [....]

5 Père rit:
—C'est un jeu d'enfant.
—Oui, mais l'espace entre les deux barrières est miné. C'est une question de chance. Les mines sont disposées en zigzag, en *w*. Si on suit une ligne droite, on risque de ne marcher que sur une seule mine. En faisant de grandes enjam-
10 bées, on a à peu près une chance sur sept de l'éviter.
Père réfléchit un moment puis il dit:
—J'accepte ce risque [....]
À onze heures, nous partons. Chacun de nous porte une planche.
Notre Père ne porte rien. Nous lui demandons seulement de nous suivre en
15 faisant le moins de bruit possible.
Nous arrivons près de la frontière. Nous disons à notre Père de se coucher derrière le grand arbre et de ne plus bouger.
Bientôt, à quelques mètres de nous, passe une patrouille de deux hommes.
20 La patrouille s'éloigne. Nous disons:
—Allez-y, Père. Nous avons vingt minutes avant l'arrivée de la patrouille suivante.
Père prend les deux planches sous les bras, il avance, il pose une des planches contre la barrière, il grimpe.
25 Nous nous couchons à plat ventre derrière le grand arbre, nous bouchons nos oreilles avec nos mains, nous ouvrons la bouche.

Il y a une explosion.

Nous courons jusqu'aux barbelés avec les deux autres planches et le sac de toile.

30      Notre Père est couché près de la seconde barrière.

Oui, il y a un moyen de traverser la frontière: c'est de faire passer quelqu'un devant soi.

Prenant le sac de toile, marchant dans les traces de pas, puis sur le corps inerte de notre Père, l'un de nous s'en va dans l'autre pays.

Celui qui reste retourne dans la maison de Grand-Mère.

(1986)

## Introduction

### Lecture du texte

Il est question d'un moment crucial qui réunit deux enfants et leur père lorsque ce dernier, après de longues années d'absence, réapparaît chez la grand-mère où les parents les avaient abandonnés. Revenu revoir les enfants de manière tout à fait inattendue, le père exprime le besoin pressant de s'échapper du pays qui est envahi par des forces ennemies et ravagé par la guerre.

### Difficultés du texte

Rechercher les mots et les expressions difficiles.

### Présentation du texte

Ce roman d'Agota Kristof, publié en 1986, est le premier panneau d'une trilogie complétée par *La Preuve*, paru en 1988 et *Le Troisième Mensonge*, 1991. L'auteur veut présenter des réalités non comme vérifiables ni même interprétables, selon la tradition réaliste-naturaliste, mais comme fondamentalement indéchiffrables, autant de configurations imaginées et refusées, construites et déconstruites.

## Préliminaires à l'analyse

### Plan du texte

Faire le plan selon la méthode indiquée.

### Idée principale

Il s'agit d'une sorte de pacte tacite entre le *nous*, manipulant des enfants, et le *je* désespérant du père, et qui tient compte du danger à éviter, le *elle* de la patrouille de soldats.

## Étude du texte

Au moyen d'un vocabulaire et d'un style des plus simples (ce qui correspond parfaitement, car le narrateur n'est qu'un garçon âgé de huit ans) et surtout grâce à l'emploi d'une ironie qui frappe dur pour être fortuite, l'auteur fait surgir toute la cruauté de l'innocence et l'horreur du mal.

## Conclusion

La ponctuation, les phrases courtes, la répétition d'expressions telles que *Nous disons, Nous arrivons, Nous courons*, ajoutent à la brisure du rythme dans un passage qui se révèle la rupture d'un monde. Ce qui intéresse l'auteur c'est moins le déroulement progressif d'une situation que les instantanés des circonstances.

### Gérard de Nerval

*Aurélia* (extrait)

Chacun sait que, dans les rêves, on ne voit jamais le soleil, bien qu'on ait souvent la perception d'une clarté beaucoup plus vive. Les objets et les corps sont lumineux par eux-mêmes. Je me vis dans un petit parc où se prolongeaient des treilles en berceaux chargées de lourdes grappes de raisins blancs et noirs: à me-
5   sure que la dame qui me guidait s'avançait sous ces berceaux, l'ombre des treillis croisés variait pour mes yeux ses formes et ses vêtements. Elle en sortit enfin, et nous nous trouvâmes dans un espace découvert. On y apercevait à peine la trace d'anciennes allées qui l'avaient jadis coupé en croix. La culture était négligée depuis de longues années, et des plants épars de clématites, de houblon, de chèvre-
10   feuille, de jasmin, de lierre, d'aristoloche, étendaient entre des arbres d'une croissance vigoureuse leurs longues traînées de lianes. Des branches pliaient jusqu'à terre chargées de fruits, et parmi des touffes d'herbes parasites s'épanouissaient quelques fleurs de jardin revenues à l'état sauvage.

De loin en loin s'élevaient des massifs de peupliers, d'acacias et de pins, au
15   sein desquels on entrevoyait des statues noircies par le temps. J'aperçus devant moi un entassement de rochers couverts de lierre d'où jaillissait une source d'eau vive, dont le clapotement harmonieux résonnait sur un bassin d'eau dormante à demi voilée des larges feuilles du nénufar.

La dame que je suivais, développant sa taille élancée dans un mouvement
20   qui faisait miroiter les plis de sa robe en taffetas changeant, entoura gracieusement de son bras nu une longue tige de rose trémière, puis elle se mit à grandir

sous un clair rayon de lumière, de telle sorte que peu à peu le jardin prenait sa
forme, et les parterres et les arbres devenaient les rosaces et les festons de ses
vêtements; tandis que sa figure et ses bras imprimaient leurs contours aux nuages
25  pourpres du ciel. Je la perdais ainsi de vue à mesure qu'elle se transfigurait, car
elle semblait s'évanouir dans sa propre grandeur. Oh! ne fuis pas! m'écriai-je ...
car la nature meurt avec toi!

Disant ces mots, je marchais péniblement à travers les ronces, comme pour
saisir l'ombre agrandie qui m'échappait; mais je me heurtai à un pan de mur dé-
30  gradé, au pied duquel gisait un buste de femme. En la relevant, j'eus la persua-
sion que c'était le sien ....Je reconnus des traits chéris, et, portant les yeux autour
de moi, je vis que le jardin avait pris l'aspect d'un cimetière. Des voix disaient:
l'univers est dans la nuit!

Ce rêve si heureux à son début me jeta dans une grande perplexité. Que si-
gnifiait-il? Je ne le sus que plus tard. Aurélia était morte.

(1853)

## Introduction

### Lecture du texte

Cette page est la fin du récit d'un rêve. La lecture devra donc tenir
compte de ce fait et évoquer l'imprécision et l'impénétrabilité des songes.
Le rythme à respecter est celui de la description des gestes et des choses.
Ne pas oublier enfin de souligner qu'il est question de souvenirs qui remontent à la mémoire du narrateur.

### Difficultés du texte

Rechercher les mots et les expressions difficiles.

### Présentation du texte

Dans les lignes qui précèdent le passage à expliquer, c'est-à-dire au
début du chapitre VI d'*Aurélia*, Gérard de Nerval se voit dans une salle de
la maison de son aïeul où trois femmes travaillent. La plus âgée des trois
ravive chez Nerval des souvenirs d'enfance. Une autre se lève et sort vers
le jardin: c'est là que commence notre extrait.

Tout dans cette vision s'accorde à annoncer la mort: le labyrinthe, les
corridors, les ruines, le jardin même, *qui avait pris l'aspect d'un cimetière*.

Nerval accorde une valeur extraordinaire au rêve. C'est pour lui une
source de nouvelles connaissances, une plongée dans le monde invisible et
qui a une qualité d'épreuve.

## Préliminaires à l'analyse

### Plan du texte

1. *Chacun sait que ... par eux-mêmes*: notations générales sur la nature des rêves et les valeurs oniriques du monde.

2. *Je me vis ... dans la nuit*: développement du passage et métamorphose du paysage.

3. *Ce rêve si heureux ... Aurélia était morte*: conclusion pathétique puisqu'elle révèle le sens du rêve.

### Idée principale

Voici un passage qui décrit l'évolution d'un rêve dans lequel figurent le narrateur, la Dame et le jardin, le tout perçu en fonction du narrateur.

### Étude du texte

Ce qui caractérise ce passage c'est le détail concret (on y voit très peu d'abstractions). Avec minutie, Nerval s'attache à nommer chaque fragment du paysage en lui donnant une existence particulière et autonome. Dans le cas de la Dame, la description suit les mêmes règles que celles du paysage.

Par leur changement de temps, les verbes aussi marquent bien la progression, l'accélération, ou le ralentissement de l'action, et ce contraste verbal fait ressortir l'arrangement rythmique de la description dont le suspense est suggéré par l'intervention soudaine du passé défini dans le reste du morceau qui est à l'imparfait.

### Conclusion

Dans la description de ce rêve tragique, on a un bon exemple de l'art de Nerval, son combat avec les forces psychiques et de sa prose poétique.

# PROSE: TEXTES À ANALYSER

**Albert Camus**

*L'Étranger*  (extrait)

L'Arabe n'a pas bougé. Malgré tout, il était encore assez loin. Peut-être à
cause des ombres sur son visage, il avait l'air de rire. J'ai attendu. La brûlure du
soleil gagnait mes joues et j'ai senti des gouttes de sueur s'amasser dans mes
sourcils. C'était le même soleil que le jour où j'avais enterré maman et, comme
5    alors, le front surtout me faisait mal et toutes les veines battaient ensemble sous la
peau. À cause de cette brûlure que je ne pouvais plus supporter, j'ai fait un mouvement en avant. Je savais que c'était stupide, que je ne me débarrasserais pas du
soleil en me déplaçant d'un pas. Mais j'ai fait un pas, un seul pas en avant. Et
cette fois, sans se soulever, l'Arabe a tiré son couteau qu'il m'a présenté dans le
10    soleil. La lumière a giclé sur l'acier et c'était comme une longue lame étincelante
qui m'atteignait au front. Au même instant, la sueur amassée dans mes sourcils a
coulé d'un coup sur les paupières et les a recouvertes d'un voile tiède et épais.
Mes yeux étaient aveuglés derrière ce rideau de larmes et de sel. Je ne sentais
plus que les cymbales du soleil sur mon front et, indistinctement, le glaive écla-
15    tant jailli du couteau toujours en face de moi. Cette épée brûlante rongeait mes
cils et fouillait mes yeux douloureux. C'est alors que tout a vacillé. La mer a
charrié un souffle épais et ardent. Il m'a semblé que le ciel s'ouvrait sur toute son
étendue pour laisser pleuvoir du feu. Tout mon être s'est tendu et j'ai crispé ma
main sur le revolver. La gâchette a cédé, j'ai touché le ventre poli de la crosse et
20    c'est là, dans le bruit à la fois sec et assourdissant, que tout a commencé. J'ai secoué la sueur et le soleil. J'ai compris que j'avais détruit l'équilibre du jour, le silence exceptionnel d'une plage où j'avais été heureux. Alors, j'ai tiré encore quatre fois sur un corps inerte où les balles s'enfonçaient sans qu'il y parût. Et c'était
comme quatre coups brefs que je frappais sur la porte du malheur.

(1942)

## Nathalie Sarraute

*Le Planétarium* (extrait)

Une mère pleine de sollicitude—et que n'a-t-elle pas fait pour cette enfant, que ne ferait-elle pas?—donne à sa fille et à son gendre l'adresse d'un bon fabricant, leur offre deux superbes fauteuils ...." Exactement ce qu'il vous faut, vous ne trouverez rien de mieux. J'ai eu l'adresse par les Perrin, vous pouvez y aller
5   de leur part. C'est un ancien ouvrier de chez Maple. Il vous fera des prix. Ils sont confortables, solides et très jolis ... un cuir splendide." Mais c'est sa voix, sans doute, quelque chose dans le ton, dans le son de sa voix, une hésitation, une gêne, un manque de confiance en soi qui a dû tout déclencher. Ils sont comme les chiens qu'excite la peur, même cachée ils la sentent ... c'est ce petit vacillement à
10  peine perceptible dans sa voix, qui a tout ébranlé, qui a tout fait chavirer ... ils ont hésité un instant, ils se sont regardés ...." Oh, je te remercie, maman—en rougissant légèrement, en baissant les yeux—mais ce n'est pas du tout ce qu'on voudrait, Alain et moi ....On pense à une bergère ancienne, on en a vu une chez un antiquaire ....Elle sera peut-être un peu plus chère que les fauteuils de cuir,
15  mais je t'assure que c'est une occasion aussi, et c'est tellement plus joli ...." Ces mots, anodins en apparence—mais seuls les non-initiés pouvaient s'y tromper—ces mots, comme ceux qui autrefois révélaient l'hérésie et conduisaient droit au bûcher, ont montré que le mal était toujours là, aussi vivace et fort ... son cœur s'est mis à battre, elle a rougi, n'importe qui, sauf eux, aurait été sur-
20  pris de la violence de sa réaction, de cette rage haineuse tout à coup dans son ton, dans son rire faux, glacé, elle-même avait mal en l'entendant: "Mais que je suis bête ... j'oublie toujours ... c'est vrai ... il suffit que ça vienne de moi, pauvre imbécile que je suis ... que ça vienne de mes amis ... Mais je le savais, je ne voulais même pas leur demander l'adresse ... Mais je n'ai pas pu résister, c'était
25  une telle occasion ... Je les aurais achetés pour nous si j'avais pu en ce moment ...." Ce regard qu'ils ont échangé ....Ils ont toujours de ces regards ... Leurs yeux se cherchent, se trouvent tout de suite, s'immobilisent, se fixent, tendus, comme pleins à craquer. Elle sait de quoi est faite cette transfusion silencieuse qui s'opère au-dessus d'elle tandis qu'elle gît entre eux, impuissante,
30  inerte, terrassée [...] Elle sent un malaise, une sourde douleur ... Elle n'aurait pas dû ... Mais ce sont eux qui la poussent à faire ces choses-là, à leur dire des choses comme celles-là, elle en a honte maintenant, elle avait honte déjà sur le moment, mais ce sont eux qui la font glisser, qui lui font poser le pied dans ces saletés, cette boue ... ce qu'il appelle 'les petits marécages'... Il les décèle aus-
35  sitôt. Il voit tout ... toujours à l'affût ... et il les montre à la petite, à sa propre fille, à son petit enfant, qui ne voyait rien.

(1959)

## Simone Schwarz-Bart

*Pluie et vent sur Télumée Miracle* (extrait)

Le pays dépend bien souvent du cœur de l'homme: il est minuscule si le cœur est petit, et immense si le cœur est grand. Je n'ai jamais souffert de l'exiguïté de mon pays, sans pour autant prétendre que j'aie un grand cœur. Si on m'en donnait le pouvoir, c'est ici même, en Guadeloupe, que je choisirais de re-
5 naître, souffrir et mourir. Pourtant, il n'y a guère, mes ancêtres furent esclaves en cette île à volcans, à cyclones et moustiques à mauvaise mentalité. Mais je ne suis pas venue sur terre pour soupeser toute la tristesse du monde. À cela, je préfère rêver, encore et encore, debout au milieu de mon jardin, comme le font toutes les vieilles de mon âge, jusqu'à ce que la mort me prenne dans mon rêve, avec toute ma joie ....

(1972)

## Alain-Fournier

*Le Grand Meaulnes* (extrait)

C'était, autant qu'on pouvait deviner dans la nuit à ses formes massives, une roulotte arrêtée presque au milieu du chemin et qui avait dû rester là, à proximité de la fête, durant ces derniers jours.
Cet obstacle franchi, les chevaux repartis au trot, Meaulnes commençait à
5 se fatiguer de regarder à la vitre, s'efforçant vainement de percer l'obscurité environnante, lorsque soudain, dans la profondeur du bois, il y eut un éclair suivi d'une détonation. Les chevaux partirent au galop et Meaulnes ne sut pas d'abord si le cocher en blouse s'efforçait de les retenir ou, au contraire, les excitait à fuir. Il voulut ouvrir la portière. Comme la poignée se trouvait à l'extérieur, il essaya
10 vainement de baisser la glace, la secoua .... Les enfants, réveillés en peur, se serraient l'un contre l'autre, sans rien dire. Et tandis qu'il secouait la vitre, le visage collé au carreau, il aperçut, grâce à un coude du chemin, une forme blanche qui courait. C'était, hagard et affolé, le grand pierrot de la fête, le bohémien en tenue de mascarade, qui portait dans ses bras un corps humain serré contre sa poitrine.
15 Puis tout disparut.
Dans la voiture qui fuyait au grand galop à travers la nuit, les deux enfants s'étaient rendormis. Personne à qui parler des événements mystérieux de ces deux jours. Après avoir longtemps repassé dans son esprit tout ce qu'il avait vu et entendu, plein de fatigue et le cœur gros, le jeune homme, lui aussi, s'abandonna au sommeil, comme un enfant triste.

(1913)

## Calixthe Beyala

*Le Petit Prince de Belleville* (extrait)

Je m'appelle Mamadou Traoré pour la gynécologie, Loukoum pour la civilisation. J'ai sept ans pour l'officiel, et dix saisons pour l'Afrique. C'était juste pour pas prendre de retard à l'école. D'ailleurs, je suis le plus grand de la classe, le plus fort aussi. Normal, puisque les Noirs sont plus forts que n'importe qui.
5 C'est comme ça. J'habite 92, rue Jean-Pierre-Timbaud, cinquième étage sans ascenseur. Nous sommes un tas à la maison, et si vous connaissez le coin, vous savez que c'est toujours plein de tribus qui viennent d'Afrique et qui vivent en tas sans négliger personne. Solidarité oblige.

J'ai toujours été sage. Alors, si vous pouvez me faire un signe pour savoir
10 ce qui m'arrive. Cet automne, après que le père soit parti au travail, j'ai entendu les mères se chamailler.

Les mères? Eh bien! J'en ai deux et c'est elles qui sont les causes de tout ce raffut! Vous savez bien! C'est passé dans les journaux. Un nègre avec deux femmes et un tas de mômes pour toucher les allocations familiales. Ça a fait un foin du diable! J'étais sur le cul! Mais zut alors! Comment j'aurais pu savoir que tout le monde n'avait qu'une femme et qu'un môme n'avait qu'une mère? Moi, je pensais tout naturellement que les enfants de l'école en avaient aussi deux, mais jamais je ne leur ai rien demandé, vu qu'il fallait pas en parler.

Mais vaut mieux que je commence par le commencement et par vous dire
20 pourquoi les mères se sont chamaillées. C'était à cause que je savais pas lire et que la maîtresse, Mademoiselle Garnier, m'a harponné tout de suite, comme elles le font toujours. Elles sont marrantes, ces maîtresses, je sais pas comment ça se fait, mais elles sont toutes pareilles. Elles vous posent toujours les mêmes questions, et quand on veut leur expliquer que nous, on apprend le Coran et que
25 le Coran est toute la science infuse qu'il y a sur terre et que le père est conseiller auprès d'Allah et que d'ailleurs j'ai pas besoin d'apprendre à cause que les femmes vont bosser pour moi, elles se regardent en secouant la tête et en disant:

—Oh! C'est affreux. Le pauvre gosse.

(1992)

# POÉSIE: TEXTES ANALYSÉS

## Joachim du Bellay

*Regrets du village natal*

Heureux qui, comme Ulysse, a fait un beau voyage,
Ou comme cestuy-là qui conquit la toison,
Et puis est retourné, plein d'usage et raison,
Vivre entre ses parents le reste de son âge!

5    Quand reverrai-je, hélas! de mon petit village
Fumer la cheminée, et en quelle saison
Reverrai-je le clos de ma pauvre maison,
Qui m'est une province, et beaucoup davantage?

Plus me plaît le séjour qu'ont bâti mes aïeux
10   Que des palais Romains le front audacieux,
Plus que le marbre dur, me plaît l'ardoise fine,

Plus mon Loire Gaulois que le Tibre Latin,
Plus mon petit Liré que le mont Palatin,
Et plus que l'air marin la douceur Angevine.

*Les Regrets*, XXXI, 1559

## Introduction

**Lecture du poème**

Dans ce sonnet la note principale est faite de regrets mêlés à l'évocation de tendres souvenirs. Les regrets sont tantôt amers tantôt attendris.
La félicité des premiers vers est vite remplacée par les évocations nostalgi-
ques du poète. De ce fait il convient de souligner l'humaine simplicité du
poème ainsi que la douce musicalité des sonorités.

## Difficultés du texte

| | |
|---|---|
| **Ulysse** | le héros dont l'*Odyssée* raconte les aventures |
| **cestuy-là** | celui-là |
| **la toison** | la Toison d'Or fut conquise par Jason |
| **l'ardoise fine** | l'Anjou est célèbre pour ses ardoises violettes |
| **mon Loire** | le fleuve traverse l'Anjou |
| **Gaulois, Latin** | la France s'appelait autrefois la Gaule |
| **Palatin** | une des sept collines de Rome |

## Présentation du texte

Joachim du Bellay (1522–1560), le plus connu des sept poètes de la Pléiade avec Ronsard, rédigea la *Défense et illustration de la langue française* (1549). Sa tristesse, sa sensibilité avivée par les souffrances morales (la gloire de Ronsard effaça toujours la sienne) font de lui un poète tourmenté dont l'émotion est déjà romantique, c'est-à-dire sensible et passionnée. Ce sonnet (deux quatrains, deux tercets) est tout à fait dans le style du recueil *Les Regrets*, écrit en grande partie à Rome. Du Bellay malade, déçu par son séjour auquel il avait tant rêvé puisqu'il pensait y connaître la gloire, désespère de revoir la France.

### Préliminaires à l'analyse

## Plan du texte

*1er quatrain*: allusion aux courses errantes d'Ulysse à son retour de Troie, à la conquête de la Toison d'Or par Jason, enfin au retour des deux héros.
*2e quatrain*: l'exilé du Bellay, qui a dû passer plus de quatre ans en Italie, épanche sa nostalgie pour son pays natal. Il exprime en même temps son angoisse devant l'incertitude de son retour en Anjou.
*Deux tercets*: du Bellay préfère la nature simple de son pays natal à tous les paysages grandioses de Rome. Le dernier vers du deuxième tercet évoque la discrète passion qu'a le poète pour l'Anjou. *La douceur Angevine* termine le poème sur une rime féminine légère comme un souffle restreint.

## Idée principale

Le poète fait allusion au bonheur des héros épiques lorsqu'après mille péripéties, ils rentrent enfin chez eux. Il exhale sa douleur d'être encore loin de la France et il évoque avec nostalgie le charme de son pays natal en l'opposant à la froideur indifférent des célèbres monuments antiques.

## Étude du texte

Dans le premier quatrain, le poète chante le sort heureux des grands aventuriers qui, comme Ulysse ou comme Jason (*cestuy-là*), après avoir vaincu tout obstacle et connu la gloire, sont revenus mûris (*raison*), assagis par l'expérience (*plein d'usage*), finir leur vie (*le reste de son âge*) au milieu de leur famille (*entre ses parents*). Notons la disposition dite régulière du sonnet: la rime est **a b b a / a b b a / c c d / e e d**, et les rimes riches féminines alternent avec les rimes riches masculines. Nous avons affaire à des alexandrins, chacun coupé en deux hémistiches par la césure, ce qui confère au poème son élégance triste et sa plénitude résignée.

> Heureux qui, comme Ulysse, / a fait un beau voyage …

L'effet poétique est ici créé par la surprise que produit l'opposition entre le **mode majeur** et le **mode mineur**. Les deux premiers vers (mode majeur) préparent le lecteur au récit épique des exploits d'Ulysse et de Jason, mais, contrairement à son attente, les troisième et quatrième vers (mode mineur) chantent non pas leurs péripéties, mais le calme de leurs dernières années.

Dans le deuxième quatrain le poète reprend le thème du retour. Cette fois-ci il s'agit de lui et il se demande quand lui sera donné le bonheur de rentrer chez lui, de revoir la fumée de son petit hameau. Sera-ce au printemps ou en hiver qu'il marchera dans le parc (*le clos*) de sa demeure? Sa pauvre maison elle aussi s'ennuie de voir du Bellay au loin. Lui qui avait rêvé de voyages, comprend alors que son domaine a plus à offrir qu'*une province* ou même que le monde entier. Ce regret de la patrie avait déjà inspiré les Anciens que tous les poètes de la Pléiade ont admirés et qu'ils se sont efforcés d'imiter. Ici le poète nous parle avec franchise, sans artifice; il n y a nul plagiat, du Bellay laisse s'échapper toute sa tristesse.

Dans les deux tercets le ton personnel et l'émotion du poète se forcent d'une secrète amertume, d'une sorte de colère contenue. Rome, où il habite, n'est plus pour lui qu'une cité orgueilleuse où les palais grandioses faits de *marbre dur* n'offrent pas la tendresse, l'intimité, la délicatesse de sa maison aux dimensions réduites construite par ses ancêtres (*qu'ont bâti mes aïeux*). Le fleuve latin loué par tant de poètes antiques et que tous les humanistes aspiraient à contempler, ne touche plus le poète. Lui qui avait méprisé son pays se souvient alors de sa *Loire* qui coule au pied de son village, le *Liré*, lui aussi bâti au sommet d'une colline semblable au Palatin. Même l'air que l'on respire au bord de la mer, cette célèbre amie et ennemie des glorieux voyageurs, a perdu toute séduction auprès du climat tempéré de l'Anjou (*douceur Angevine*).

Le mouvement musical du regret se fait de plus en plus insistant dans les tercets et la construction alternée des antithèses permet au poète d'accorder sa préférence à son Liré et de s'acharner sur Rome. Le dernier vers résume tout le sonnet et termine la nostalgie de la mélopée sur une finale muette comme un soupir.

## Conclusion

Les sonnets I à CXXVII ont été composés à Rome et, semble-t-il, écrits spontanément. Malade et atteint du mal du pays, du Bellay laisse parler son âme: il est à la fois familier, humain et simple et ses vers épousent la cadence des regrets. On découvre que ce naturel est le résultat du travail d'un poète érudit qui connaît son métier et qui sait donner à des sentiments communs à tous les hommes un air de facilité sans leur enlever leur profondeur d'émotion.

### Victor Hugo

*Le Soir*

C'est le moment crépusculaire.
J'admire, assis sous un portail,
Ce reste de jour dont s'éclaire
La dernière heure du travail.

5     Dans les terres, de nuit baignées,
Je contemple, ému, les haillons
D'un vieillard qui jette à poignées
La moisson future aux sillons.

Sa haute silhouette noire
10    Domine les profonds labours.
On sent à quel point il doit croire
À la fuite utile des jours.

Il marche dans la plaine immense,
Va, vient, lance la graine au loin,

15      Rouvre sa main, et recommence,
       Et je médite, obscur témoin,

       Pendant que, déployant ses voiles,
       L'ombre, où se mêle une rumeur,
       Semble élargir jusqu'aux étoiles
       Le geste auguste du semeur.

*Les Chansons des rues et des bois, Saison des semailles*, 1865

# Introduction

## Lecture du texte

Dans ce poème il s'agit tout au long d'une observation de la réalité extérieure et d'un personnage innommé, ainsi que d'une contemplation intérieure sur le sens caché que composent les actions et les buts du passage de l'être sur terre.

## Difficultés du texte

Chercher dans un dictionnaire le sens des mots suivants:
**portail**
**haillons**
**sillons**
**semeur**
**semailles**

## Présentation du texte

Victor Hugo, l'un des plus illustres poètes romantiques du dix-neuvième siècle, est souvent traité de visionnaire. C'est ce que montre de manière admirable ce poème où une scène toute simple se transforme en tableau cosmique.

# Préliminaires à l'analyse

## Plan du texte

1. *Strophes 1 et 2*: première partie de l'exposition dans laquelle le poète décrit le jour tombant et le travail modeste qu'accomplit le personnage observé.

2. *Strophes 3 et 4*: deuxième partie de l'exposition où le portrait du vieillard de passif devient actif.

3. *Strophe 5*: point culminant de la contemplation. Hugo décèle la signifi-

cation profonde de la scène étudiée en *obscur témoin*.

## Idée principale

Le poète souligne que derrière *des* réalités dites de surface existent *les* vérités vraies pour qui sait non seulement constater mais pénétrer.

## Étude du texte

Le poème comporte cinq quatrains et est écrit entièrement en vers octosyllabiques au schéma suivant: la rime croisée **abab, cdcd, efef, ghgh, ijij**. Dans chaque quatrain la rime alterne entre la rime féminine riche et la rime masculine suffisante, sauf pour le dernier quatrain où tous les vers sont à rime riche.

Les douces sonorités vocaliques et consonantiques (/a/ /wa/ /u/ /r/ /s/, par exemple) rendent un rythme fluide et font écho à la paix et la tranquillité du crépuscule. Les quelques arrêts servent à signaler les actions visibles, concrètes du vieillard (*jette à poignées, va, vient, rouvre la main*) et celles, invisibles et abstraites du poète (*j'admire, je contemple, je médite*).

À noter le rapport forme et fond dans les deux derniers quatrains, composés d'une seule phrase, saccadée, qui devient de plus en plus ample.

Tout en esquissant de façon vague le cadre général de la nature et des activités de fin de journée, Hugo, dès le début du poème, précise non seulement la temporalité: le crépuscule, le moment préféré des Romantiques, mais aussi l'unique optique du *je* subjectif. Par la conséquence du temps, l'image initiale se développe lorsque nous passons du *moment crépusculaire* au *reste du jour* à l'*ombre* de la *nuit*, parallèlement à la métamorphose du personnage d'humble *vieillard* en *haute silhouette noire*, en *semeur* au *geste auguste*.

Suivant l'introduction du *je* observateur dans le premier quatrain c'est le personnage principal qui domine la scène et qui par ses mouvements remplit le cadre géographique du tableau pour enfin en sortir en dieu omniprésent. Le vieillard travailleur de la terre, comme le poète ouvrier de sa poésie, englobe la nature et le temps car il *doit croire* à la fuite *utile* des jours. Loin de se contenter du labeur accompli, il crée l'avenir du monde (*la moisson future*).

Grâce à des images sérielles, tout vise la fertilité et la productivité de la terre et la grandeur de l'être humain qui ne fait pas que se déplacer gratuitement mais qui *marche dans la plaine immense, lance la graine au loin* et *recommence* une tâche qui ne connaît nulles limites.

Alors que le poème débute par une modeste évocation de la luminosité crépusculaire, il se termine par l'imagerie explosée de l'ombre qui rejoint les constellations. Cette amplification verticale et horizontale des images (*haute, profonde, immense, au loin, jusqu'aux étoiles*) associe les actes de la nature à ceux de l'être humain qui en effet dépasse le simple terrestre par son métier de même que le poète le fait par ses dons de visionnaire.

Notion-clé (et non redondante): les deux *œuvrent* afin de réaliser l'*ouvrage*. Il faut tenir compte du fait qu'il ne s'agit pas d'une passivité inutile: Hugo tient à mettre en relief non simplement un symbole de l'humanité, bien au contraire, par la religiosité de l'imagerie il insiste sur les thèmes de la naissance et de la renaissance, concrètement utilitaires grâce à l'outil qu'est la main qui sème, la main qui écrit.

## Conclusion

On ne saurait manquer d'être frappé par la densité de ce poème, par ses allusions bibliques. Le flot du rythme, la fluidité de la rime, le présent universel des verbes se rapportent à l'idée capitale qu'est la puissance créatrice de tout être qui, fondamentalement, est *semeur*.

## Paul Verlaine

*L'Ombre des arbres*

L'ombre des arbres dans la rivière embrumée
  Meurt comme de la fumée,
Tandis qu'en l'air, parmi les ramures réelles,
  Se plaignent les tourterelles.

5  Combien, ô voyageur, ce paysage blême
  Te mira blême toi-même,
Et que tristes pleuraient, dans les hautes feuillées,
  Tes espérances noyées!
  *Romances sans paroles, Ariettes oubliées*, IX, 1874

## Introduction

### Lecture du texte

Par le choix soigné des éléments musicaux, de la disposition typographique globale et des images de lueurs colorées, Verlaine peint un paysage qui est en même temps un état d'âme.

## Difficultés du texte

Chercher dans un dictionnaire le sens des mots suivants:

**ramures**
**tourterelles**
**mira**

## Présentation du texte

*L'Ombre des arbres*, la neuvième des *ariettes oubliées*, est tiré du recueil *Romances sans paroles*. Le poème illustre la conception personnelle de la poésie selon Verlaine telle qu'il en parlait dans son *Art poétique*, composé dès 1874 et paru en 1884 dans le recueil *Jadis et Naguère*. En voici des extraits pertinents:

> De la musique avant toute chose,
> Et pour cela préfère l'Impair,
> Plus vague et plus soluble dans l'air,
> Sans rien en lui qui pèse ou qui pose.
>
> Il faut aussi que tu n'ailles point
> Choisir tes mots sans quelque méprise:
> Rien de plus cher que la chanson grise
> Où l'Indécis au Précis se joint.
> ..........
> Car nous voulons la Nuance encor,
> Pas la Couleur, rien que la nuance!
> Oh! la nuance seule fiance
> Le rêve au rêve et la flûte au cors!
> ..........
> Prend l'éloquence et tords-lui son cou!
> Tu feras bien, en train d'énergie,
> De rendre un peu la Rime assagie.
> Si l'on n'y veille, elle ira jusqu'où?
> ..........
> De la musique encore et toujours!
> Que ton vers soit la chose envolée
> Qu'on sent qui fuit d'une âme en allée
> Vers d'autres cieux à d'autres amours.
> Que ton vers soit la bonne aventure
> Éparse au vent crispé du matin

Qui va fleurant la menthe et le thym ....
Et tout le reste est littérature.

## Préliminaires à l'analyse

### Plan du texte

La structure du poème est telle que l'on ne relèverait aucune division sans provoquer des ruptures dans ce qui est rêverie ininterrompue.

### Idée principale

Ce poème, par ses composants descriptifs ainsi que par ses thèmes de tristesse et de mélancolie flottantes, esquisse un tableau impressionniste.

### Étude du texte

À la rime suivie **aa bb cc dd** s'ajoutent l'alternance des vers pairs (alexandrins, chacun à la ligne) et des vers impairs (heptasyllabes, chacun en retrait). De plus, la modulation de rimes féminine riche et masculine suffisante rehausse la tendre musicalité du poème. Toutefois c'est une musicalité imprégnée qui véhicule des sentiments d'absence et de vide, deux thèmes-clés déjà annoncés dans la titraison même: "ariettes" mais *oubliées*, "romances" mais *sans paroles*. La récurrence de sons nasaux (/$\tilde{a}$/ et /$\tilde{ɔ}$/) et de sons vocaliques fermés (/i/ /e/ /y/) assombrit davantage l'émotivité contenue du poème, comme d'ailleurs certains verbes lourds de sens (*meurt, se plaignent, pleuraient*), et en font une plainte et complainte.

Comme pour les images auditives, il en va de même pour les images visuelles, qui, au lieu de brosser des couleurs vives esquissent des lueurs ambiguës (*ombre, embrumée, fumée, blême*), reflets du grisâtre malaise qui envahit le voyageur anonyme (*te mira [...] toi-même*). À la localisation temporelle indécise (il est quelle saison? quelle heure?) correspond l'éclairage tamisé où le peu de "réel" (*ramures, tourterelles, feuillées*) et le miroité s'entremêlent dans une sorte de limbes qui traduit la notion d'un idéal irréalisable, de désirs innocents d'avant la chute (*tes espérances noyées*).

Au moyen de la personnification de la nature (l'ombre meurt) et des émotions (les espérances pleurent), de la parfaite symétrie architecturale entre les distiques, le sens de l'un reprenant celui de l'autre, de l'imagerie aquatique, Verlaine faufile le thème du double tout au long du poème. Bien qu'il n'y ait pas de *je* écrit, le *tu* est de fait un *je* implicite, dialoguant avec soi-même. Ce serait toutefois une erreur d'y voir un duo-monologue de dimensions réduites. Le *voyageur* c'est la figure archétype du *Everyman*, errant dans une existence énigmatique, cherchant à s'échapper de la fade nostalgie d'un paradis perdu vers un avenir au delà des *hautes feuillées*.

## Conclusion

*L'Ombre des arbres* est d'une simplicité qui, au premier abord, peut sembler simpliste, mais qui, après une lecture réfléchie, devient le refus de se laisser anéantir et l'effort de se réaliser en toute plénitude.

### Jules Supervielle

*La Goutte de pluie—(Dieu parle)*

　　　Je cherche une goutte de pluie
　　　Qui vient de tomber dans la mer.
　　　Dans sa rapide verticale
　　　Elle luisait plus que les autres
5　　Car seule entre les autres gouttes
　　　Elle eut la force de comprendre
　　　Que, très douce dans l'eau salée,
　　　Elle allait se perdre à jamais.
　　　Alors je cherche dans la mer
10　 Et sur les vagues, alertées.
　　　Je cherche pour faire plaisir
　　　À ce fragile souvenir
　　　Dont je suis seul dépositaire.
　　　Mais j'ai beau faire, il est des choses
15　 Où Dieu même ne peut plus rien
　　　Malgré sa bonne volonté
　　　Et l'assistance sans parole
　　　Du ciel, des vagues et de l'air.

*La Fable du Monde, 1938*

## Introduction

### Lecture du texte

Semblable à *L'Ombre des arbres* de Verlaine, *La Goutte de pluie* est une forme de complainte, et comme les chansons de Jacques Prévert elle est d'une naïveté "enfantine" voulue afin de mieux mettre en valeur la thématique "adulte" du poème.

## Difficultés du texte

**sa rapide verticale**                    la tombée de la pluie

## Présentation du texte

Supervielle raconte en poète l'acheminement artisanal à travers l'espace et le temps, l'élan créateur du poème comme objet esthétique autonome.

## Préliminaires à l'analyse

## Plan du texte

1. *Vers 1 à 8*: personnification de la goutte de pluie, possédant un pouvoir unique.
2. *Vers 9 à 13*: quête du *je*, lui aussi être privilégié, pour sauvegarder un don qu'il est seul à reconnaître.
3. *Vers 14 à 18*: aveu de la part du poète de l'évanescence de certaines réalités, de l'impossibilité où se retrouvent les mortels de se les auto-approprier.

## Idée principale

Le thème central est celui de la quête, annoncée dès le début (*je cherche*) et repris deux fois en plein milieu du poème, instant pivot de la recherche, suivi de l'aveu que toute la volonté du monde ne suffit pas à assurer nécessairement la saisie de l'objet désiré.

## Étude du texte

C'est un poème composé d'une seule strophe de dix-huit vers octosyllabiques, tous à la ligne et n'ayant nulle rime (sauf le retour de quelques sonorités telles /ɛr/ /e/ /ir/. Trois vers d'ailleurs sont typographiquement moins longs de par le sens qu'ils transmettent: la vitesse de la chute de la goutte de pluie (vers 3), l'éphémère du souvenir (vers 12) et l'impuissance qu'éprouve l'être humain et même toute déité de faire sienne en permanence une réalité convoitée, quelle qu'elle soit (vers 16).

Nous notons la progression des verbes et des expressions au positif

(*Je cherche, elle luisait, elle eut, je suis*) qui soudain basculent dans le né-gatif (*j'ai beau faire, Dieu même ne peut plus rien, malgré*).

En plus, deux coupes, rendues plus fortes par leurs positions initiale et finale et par la virgule, renforcent l'idée que c'est la nature qui remporte la victoire contre les forces humaines qui tentent en vain d'intervenir

Au vers 7, en position initiale, la coupe après *que* (exceptionnelle après un mot monosyllabique) signale moins l'anonymat de la disparition de cet objet fabuleux qu'est la goutte de pluie qu'elle ne relève la protecti-vité que lui apporte la mer *alertée* (autre coupe, cette fois en position finale).

Par sa fabulation poétique (le titre du recueil s'avère déjà révélateur, car c'est la *fable du monde* que le poète désire écrire), Supervielle tient à exprimer tout ce qui se dérobe à la parole, l'effort futile pour atteindre et retenir le sens vrai de la condition humaine dans sa totalité, dans sa profon-deur.

Toutefois à l'opposé des Romantiques, Supervielle ne fait entrer dans son réseau d'images aucun exotisme, genre Baudelaire, aucun pathétique, genre Verlaine, et aucune sentimentalité, genre Lamartine. À ces formules, si l'on peut dire, il préfère poser le thème de la quête (*la force de compren-dre, la bonne volonté*), en traçant l'humble détail particulier (*une goutte de pluie*) dans un grandiose univers (le *ciel*, la *mer*, l'*air*).

Qu'il s'agisse des thèmes corollaires de l'irréversibilité du temps (*ce fragile souvenir*), de la nostalgie et de la séparation (*se perdre à jamais*), d'une créativité inassouvie (*je cherche*, expression itérative, dont une fois dite désespérément après le mot de relance *alors*), le symbolisme demeure d'une incomplétude volontariste.

La *fable du monde* ....? ne serait-ce la faiblesse de la conscience et le manque du don de l'omniscience ....?

## Conclusion

Supervielle a su résister à la tentation de conceptualiser une loi uni-verselle qui circonscrirait un Tout-Définitif.

De préférence il a pu chantonner, très simplement, une marque indéli-bile de la vie d'ici-bas.

### René Char

*L'Inoffensif*

Je pleure quand le soleil se couche parce qu'il te dérobe à ma vue et parce que je ne sais pas m'accorder avec ses rivaux nocturnes. Bien qu'il soit au bas et maintenant sans fièvre, impossible d'aller contre son déclin, de suspendre son effeuillaison, d'arracher quelque envie encore à sa lueur moribonde. Son départ te
5    fond dans son obscurité comme le limon du lit se délaye dans l'eau du torrent par-delà l'éboulis des berges détruites. Dureté et mollesse au ressort différent ont alors des effets semblables. Je cesse de recevoir l'hymne de ta parole, soudain tu n'apparais plus entière à mon côté, ce n'est pas le fuseau nerveux de ton poignet que tient ma main mais la branche creuse d'un quelconque arbre mort et déjà débité. On ne met plus son nom à rien, qu'au frisson. Il fait nuit. Les artifices qui s'allument me trouvent aveugle.

Je n'ai pleuré en vérité qu'une seule fois. Le soleil en disparaissant avait coupé ton visage. Ta tête avait roulé dans la fosse du ciel et je ne croyais plus au lendemain.

Lequel est l'homme du matin et lequel celui des ténèbres?

*La Parole en Archipel*, 1957

## Introduction

### Lecture du texte

Cette œuvre de René Char exemplifie à merveille le poème en prose selon Baudelaire: *une prose poétique, musicale sans rythme et sans rime, assez souple et assez heurtée pour s'adapter aux mouvements lyriques de l'âme, aux ondulations de la rêverie, aux soubresauts de la conscience.*

### Difficultés du texte

Chercher dans un dictionnaire le sens des mots suivants:

**effeuillaison**
**limon du lit**
**éboulis**
**berges**
**ressort**
**fuseau**
**débité**

### Présentation du texte

*L'Inoffensif*, le troisième de cinq poèmes réunis sous le titre général *Le Rempart des brindilles*, parut d'abord dans le recueil *Poèmes des deux années 1953–1954*. Sous l'apparente simplicité d'une structure de fait très dense, le poème communique de façon géniale toute une gamme de nuances émotionnelles. L'analyse nous permettra de voir comment le poète manipule l'imagerie qui véhicule les thèmes principaux. L'image est donc le cœur linguistique du poème et non une ornementation ancillaire.

## Préliminaires à l'analyse

### Plan du texte

L'infrastructure du poème comporte un long paragraphe liant onze phrases, suivi d'un blanc et d'une seule phrase courte qui prend la forme d'une question à laquelle le poète refuse toute réponse.

### Idée principale

Dans un poème qui peut désorienter le lecteur par la juxtaposition des images et les vacillements soudains entre l'émotivité de l'être et la physicalité des choses, nous dégageons la dualité thématique de ce que Char appelle l'être *du matin* et l'être *des ténèbres*. *L'Inoffensif* cartographie un paysage psychique.

### Étude du texte

Citons tout d'abord Char lui-même qui, dans *Le Rempart des brindilles*, glose sur un des aspects essentiels de sa poésie: une écriture en contrepoint:

> *Le dessein de la poésie étant de nous rendre souverains en nous impersonnalisant, nous touchons, grâce au poème, à la plénitude de ce qui n'était qu'esquissé ou déformé par les vantardises de l'individu.*
>
> *Les poèmes ont des bouts d'existence incorruptibles que nous lançons à la gueule répugnante de la mort, mais assez haut pour que, ricochant sur elle ils tombent dans le monde nominateur de l'unité.*
>
> *Nous sommes déroutés et sans rêves. Mais il y a toujours une bougie qui danse dans notre main. Ainsi l'ombre où nous entrons est notre sommeil futur sans cesse raccourci.*

Ces préoccupations surgissent dans *L'Inoffensif* où les rapports étroits entre les phénomènes de la nature et du climat des sentiments humains se créent grâce au réseau d'images antithétiques. Char ainsi transcende les oppositions contingentes et les paradoxes apparents afin de forger les liens entre le *je* Poète-Créateur et le *tu* de la Femme-Bien-Aimée, la Muse.

L'ambiguïté du titre même se reflète dans le contexte métaphorique du poème: l'habitude et le doute, de par leur persistance "inoffensive" (*la gueule répugnante de la mort*) paralyse la créativité du poète.

Dès la première phrase, Char dresse le parallèle entre la réalité concrète extérieure et l'angoisse de l'intellect et des émotions. *Le soleil se couche* et *je pleure* à la fois parce que le poète craint son impuissance devant les *rivaux nocturnes*, image qui transmet toute la menace du néant: *impossible d'aller contre son destin, de suspendre son effeuillaison.* L'expression à sens double qui termine la deuxième phrase, la *lueur moribonde*, ne sert qu'à rendre plus aigu le sentiment de débilitation.

Dans la troisième phrase, Char reprend et renforce la dualité thématique créativité / stérilité moyennant l'image suivante à très forte valeur affective: le départ du soleil *te* [la Muse] *fond dans son obscurité comme le **limon** du lit se délaie dans l'eau du **torrent** par-delà l'**éboulis** des **berges détruites*** (c'est nous qui mettons les mots-clés en caractères gras). Ce genre d'imagerie explosée, ce que Char appelle "le poème pulvérisé," revient souvent dans son œuvre pour exprimer le paroxysme que ressent le poète aux moments où l'acte poétique a tendance à se réduire aux minima du conscient.

Dire que *dureté et mollesse au ressort différent ont alors des effets semblables* c'est avouer que le geste de la création équivaut au poids de la stagnation: *Je cesse de recevoir l'hymne de ta parole.* De l'apothéose de la Bien-Aimée, Char passe brusquement à une métaphore des plus graphiques: le *fuseau nerveux de ton poignet que tient ma main* devient la *branche creuse d'un quelconque arbre mort et déjà débité.* La Muse n'est plus qu'un tronc d'arbre mutilé. Puis arrive l'instant tombal—*il fait nuit*.

Les *artifices qui s'allument*, lumière avortée de la vraie luminosité du soleil, rappellent par opposition les *rivaux nocturnes* et la désillusion du poète. Dans les phrases dix et onze il fusionne la figure radieuse de la Muse et le soleil, suggérant ainsi sa violente aliénation de ces deux sources inspiratrices: *Le soleil [...] avait coupé ton visage. Ta tête avait roulé dans la fosse du ciel.* L'énoncé *il fait nuit* s'avère n'être qu'un euphémisme pour la perte de toute croyance en un lendemain.

La phrase énigmatique qui termine le poème se reporte aux thèmes de doute et de menace déjà observés dans l'expression *dureté et mollesse* [qui ont] *des effets semblables*. Et pourtant, malgré son isolement typographique sur la page et le désespoir solitaire qu'elle transmet, la phrase se veut question et non constatation, ouverture à un possible et non fermeture par l'impossible.

Si *l'homme du matin* ne réussit pas à remporter la victoire sur l'homme *des ténèbres*, le poète nous fait savoir qu'il demeure une unité éventuelle des deux, ce que Char ailleurs nomme *l'homme debout*.

## Conclusion

Poème fort représentatif de l'œuvre de Char, *L'Inoffensif* permet d'étudier la manière dont une banale scène de fin de journée sert de médium souverain pour dépeindre un des grands thèmes de conflits qui ne dépassent aucune mémoire. En animant un bref espace de temps, Char réintègre l'être dans la liberté, car *il y a toujours une bougie qui danse dans notre main*.

# POÉSIE: TEXTES À PLANS-GUIDES

## Charles Baudelaire

*Bénédiction* (extrait)

Pourtant, sous la tutelle invisible d'un Ange,
L'enfant déshérité s'enivre de soleil,
Et dans tout ce qu'il boit et dans tout ce qu'il mange
Retrouve l'ambroisie et le nectar vermeil.

5      Il joue avec le vent, cause avec le nuage,
Et s'enivre en chantant du chemin de la croix;
Et l'Esprit qui le suit dans son pèlerinage
Pleure de le voir gai comme un oiseau des bois.

       Tous ceux qu'il veut aimer l'observant avec crainte,
10    Ou bien, s'enhardissant de sa tranquillité,
Cherchent à qui saura lui tirer une plainte,
Et font sur lui l'essai de leur férocité.

*Les Fleurs du Mal*, "Spleen et Idéal," 1857

## Introduction

### Lecture du texte

*Les deux premiers quatrains*: l'auteur décrit l'enthousiasme de ses jeunes années et présente le caractère complexe de cet enfant doué de qualités exceptionnelles.

*Dernier quatrain*: les quatre derniers vers, au contraire des huit premiers, ont un ton presque grave. Le poète prépare l'évocation de l'hostilité du monde vis-à-vis de l'enfant de génie. Les quatre derniers vers doivent, à la lecture, préparer le dernier mot: *férocité*.

**Difficultés du texte**

Rechercher les mots et les expressions difficiles.

**Présentation du texte**

Cet extrait de douze vers est tiré du long poème *Bénédiction*, le premier de la série de *Spleen et Idéal* des *Fleurs du Mal* (1857).

## Préliminaires à l'analyse

**Plan du texte**

Faire le plan selon la méthode indiquée.

**Idée principale**

Baudelaire fait ici le portrait du poète qui, dès son enfance, est marqué par le destin. L'enfant de génie est bientôt menacé par la brutalité des hommes qui ne le comprennent pas. Même béni par Dieu, l'enfant risque d'être un paria, un martyr pour la raison même qu'il a du génie.

**Étude du texte**

Le poète décrit d'abord l'enfant-poète qui connaît, sous la protection d'un ange, l'exaltation dans la nature. Il va, vient et joue comme un enfant; et pourtant il est solitaire, il a pour seuls compagnons les nuages et ses rêves. Ses plus simples gestes enfantins (manger et boire) se transforment en mythes (*ambroisie* et *nectar*). Cet enfant n'est pas un enfant comme les autres, son enfance n'est pas simplement une enfance; c'est un pèlerinage, une aventure difficile et mystique. Le tournant dans le poème se situe aux vers 7 et 8 où l'on se rend compte que, malgré son insouciance, cet enfant est déjà menacé de toutes les déceptions.

La deuxième partie du poème s'oppose à l'insouciance naturelle de l'enfant. À côté de la simplicité joyeuse de l'*oiseau des bois*, on trouve *crainte, plainte, férocité* mots qui, par leur progression, traduisent le danger qui s'approche, menaçant, de l'enfant: la méchanceté de l'homme.

Dans ce poème les alexandrins donnent un ton solennel et grave à l'expression de la douleur du poète. Il ne s'agit pas d'un sanglot, d'une plainte lyrique; il s'agit d'une réflexion intellectuellement sentie sur le problème de la solitude du génie. On contrastera l'allure vive et enjouée des huit premiers vers à l'allongement de plus en plus sombre des quatre derniers vers.

## Conclusion

Ce poème est une évocation des souffrances intimes du poète telles qu'il les exprimera encore plus directement plus tard dans un autre poème, *L'Albatros*:

> Le poète est semblable au prince des Nuées
> Qui hante la tempête et se rit de l'archer.
> Exilé sur le sol au milieu des huées,
> Ses ailes de géant l'empêchent de marcher.
> *Les Fleurs du Mal*, "Spleen et Idéal"

## Paul Verlaine

*Après trois ans*

> Ayant poussé la porte étroite qui chancelle,
> Je me suis promené dans le petit jardin
> Qu'éclairait doucement le soleil du matin,
> Pailletant chaque fleur d'une humide étincelle.
>
> 5   Rien n'a changé. J'ai tout revu: l'humble tonnelle
> De vigne folle avec les chaises de rotin ....
> Le jet d'eau fait toujours son murmure argentin
> Et le vieux tremble sa plainte sempiternelle.
>
> Les roses comme avant palpitent; comme avant
> 10  Les grands lys orgueilleux se balancent au vent
> Chaque alouette qui va et vient m'est connue.
>
> Même j'ai retrouvé debout la Velléda,
> Dont le plâtre s'écaille au bout de l'avenue,
>     —Grêle, parmi l'odeur fade du réséda.
> *Poèmes Saturniens*, 1866

## Introduction

### Lecture du texte

Verlaine écrit ici un poème de réminiscences personnelles. Il revient dans un lieu qu'il a quitté il y a longtemps et que, discrètement et avec appréhension, il redécouvre presque inchangé par le temps.

### Difficultés du texte

Rechercher les mots et les expressions difficiles.

### Présentation du texte

Ce poème est tiré du premier recueil de poésies composées par Verlaine, *Poèmes Saturniens*, en 1866. Le poète n'avait pas encore 25 ans.

## Préliminaires à l'analyse

### Plan du texte

Faire le plan selon la méthode indiquée.

### Idée principale

Le poète décrit le lieu qu'il a jadis quitté. Sa visite lui donne l'occasion d'épancher la poésie de son âme en jouant avec les divers éléments du cadre intime que son souvenir ressuscite.

### Étude du texte

Dans le premier quatrain on entre graduellement dans le jardin. C'est le matin, le soleil fait scintiller la rosée sur les pétales; tout est intime et calme: *petit jardin, éclairait doucement*. Même la violence des rayons du soleil est contrôlée dans l'expression *humide étincelle*.

Le deuxième quatrain introduit le thème d'immobilité qui se développe dans le reste du poème: *Rien n'a changé. J'ai tout revu*. Tout est là: la tonnelle et les chaises, objets immobiles, mais aussi le jet d'eau et le vieux tremble qui, tous deux, impliquent mouvement. Dans ce jardin la vie continue sous forme de palpitation générale.

Le dernier tercet consacre la survivance même des parfums (*odeur fade du réséda*).

On pourra étudier la forme: les sonorités, les rimes et le rythme parfaitement liés aux sentiments du poète.

## Conclusion

Dans ce poème simple, Verlaine suggère avec finesse le sentiment du bonheur qu'il éprouve à retrouver, après une longue séparation, fidèle et intact, un lieu qui lui est cher. Après l'enthousiasme du retour, c'est le calme vague du souvenir revécu qui prête la note principale au poème.

## Jean Cocteau

*Plain-Chant* (extrait)

Je regarde la mer qui toujours nous étonne
Parce que, si méchante, elle rampe si court,
Et nous lèche les pieds comme prise d'amour,
Et d'une moire en lait sa bordure festonne.

5      Lorsque j'y veux plonger, son champagne m'étouffe,
Mes membres sont tenus par un vivant métal;
Tu sembles retourner à ton pays natal,
Car Vénus en sortit sa fabuleuse touffe.

Ce poison qui me glace est un vin qui t'enivre.
10      Quand je te vois baigner je suis sûr que tu mens;
Le sommeil et la mer sont tes vrais éléments ....
Hélas! tu le sais trop, je ne peux pas t'y suivre.

(1923)

## Introduction

### Lecture du texte

La lecture du poème devra exprimer la tristesse lyrique du poète devant son échec amoureux. On fera sentir la progression entre les premiers vers simplement descriptifs et le dernier quatrain très personnel qui exprime la résignation dans l'échec.

### Difficultés du texte

| | |
|---|---|
| **elle rampe si court** | comme un chien tenu par une courte laisse |
| **bordure festonne** | borde la plage d'un ourlet d'écume |
| **son champagne** | ses vagues qui moussent (pétillent) comme du champagne |
| **Vénus ... touffe** | sa toison (chevelure) |
| **t'y suivre** | dans la mer, dans le sommeil |

## Présentation du texte

C'est un fragment tiré du long poème *Plain-Chant* composé par Cocteau en 1923. On peut y voir une sorte de "marine" impressionniste, mais dont le paysage marin n'est que la toile de fond pour le thème de l'échec dans l'amour.

## Préliminaires à l'analyse

### Plan du texte

Faire le plan selon la méthode indiquée.

### Idée principale

L'idée principale y est exprimée dans le dernier vers symbolique: *tu le sais trop, je ne peux pas t'y suivre*. Cocteau transforme l'image de la mer en un symbole de futilité: le champagne de la mer se transforme en poison qui glace le poète; l'amour se transfigure en sommeil suggestif de la mort.

### Étude du texte

À partir de la description d'un panorama maritime, le poète compose un sombre poème d'amour. L'amant-baigneur est attiré par la mer, mais dès qu'il s'approche d'elle, elle se retire. L'objet qu'il désire reste sans cesse hors d'atteinte et le poème se termine sur le thème romantique et lyrique de l'insatisfaction.

Présenté sous forme de plain-chant médiéval, le poème est écrit en alexandrins (vers classiques); les douze vers qui s'allongent donnent de la dignité au poème et suggèrent bien le rythme d'une vieille complainte.

Le pessimisme exprimé vient de la contemplation du *tempus fugit*, thème éternel de la poésie amoureuse, Cocteau lui donnant une tournure moderne.

## Conclusion

Le poète semble éprouver le sentiment désespéré de la fuite de sa jeunesse et de l'impossibilité de l'amour.

On reconnaît une des obsessions de Cocteau dont la nouveauté ne se trouve ni dans le vocabulaire, ni dans la prosodie, mais dans l'originalité, l'étrangeté même, de ses associations d'images.

## Pierre Reverdy

*Voyages sans fin*

Tous ceux qui vus de dos s'éloignaient en chantant
Qu'on avait vu passer le long de la rivière
Où même les roseaux redisaient leurs prières
Que reprenaient plus fort et plus loin les oiseaux
5    Ils viennent les premiers et ne s'en iront pas
Le chemin qu'ils ont fait se comptait pas à pas
Et disparaissait à mesure
          Ils marchaient sur la pierre dure
Au bord des champs ils se sont arrêtés
10   Au bord de l'eau ils se désaltéraient
          Leurs pieds soulevaient la poussière
Et c'était un manteau brodé par la lumière
Tous ceux qui s'en allaient
marchant dans ce désert
15   Et pour qui maintenant le ciel était ouvert
Cherchaient encore le bout où finirait le monde
Le vent qui les poussait continuait sa ronde
        Et la porte se refermait
   Une porte noire
         La nuit
              *Sources du vent*, 1929

## Introduction

### Lecture du texte

La lecture devra faire ressortir le désir, voire le besoin de connaître à fond le monde matériel autour de soi, tout en tâchant d'atteindre un absolu qui demeure à jamais hors de portée. C'est là la connotation du titre même, *Voyages sans fin*.

### Difficultés du texte

Rechercher les mots et les expressions difficiles.

### Présentation du texte

*Voyages sans fin* nous permet de lire sous forme créatrice la mise en œuvre de l'esthétique et de la poétique reverdiennes telles qu'il les avait approfondies dans *Self-Défence* (1919), *Le Gant de crin* (1927) et, bien plus tard, dans *Le Livre de mon bord* (1948).

## Préliminaires à l'analyse

### Plan du texte

Bien qu'un poème se compose d'une seule strophe, il est souvent possible, sinon souhaitable, de l'analyser en parties cohérentes. Ici, par exemple, une première partie comprendrait vers 1-7, une deuxième, vers 8-12, une troisième, vers 13 jusqu'au dernier vers.

### Idée principale

Selon la poésie entière de Reverdy (dont les idées et le style cinématographique offrent de frappantes analogies avec ceux du metteur en scène Michelangelo Antonioni) *l'avventura* ne peut que persister, un drame cosmique qui entraîne des conséquences funestes, des désastres imminents.

### Étude du texte

Prenant comme point de départ une image obsédante dans toute l'œuvre de Reverdy, en l'occurrence, la *chambre de misère*, vide, recouverte de poussière, aux portes et fenêtres scellées, relevez les variantes dans ce poème. Puis, en soulignant l'aspect hallucinatoire et le rythme hypnotisant, étudiez ce dont parle Reverdy dans *Le Livre de mon bord: l'ombre persistante du doute ... tout ce qu'on ne peut pas croire ... ce bruit que font les hommes pour combler le majestueux silence ... le piètre décor qu'ils dressent pour masquer l'abîme invisible ... le morbide du néant.*

## Conclusion

En guise de conclusion, faites une courte comparaison entre les thèmes principaux dans *Voyages sans fin* et ceux dans l'extrait des *Pensées* de Pascal (Texte N°1, p. 2).

## Paul Éluard

*Pour vivre ici*

Je fis un feu, l'azur m'ayant abandonné,

Un feu pour être son ami,
Un feu pour m'introduire dans la nuit d'hiver,
Un feu pour vivre mieux.

5        Je lui donnai ce que le jour m'avait donné:
Les forêts, les buissons, les champs de blé, les vignes,
Les nids et leurs oiseaux, les maisons et leurs clés,
Les insectes, les fleurs, les fourrures, les fêtes.

Je vécus au seul bruit des flammes crépitantes,
10     Au seul parfum de leur chaleur;
J'étais comme un bateau coulant dans l'eau fermée,
Comme un mort je n'avais qu'un élément.

*Le Livre ouvert I*, 1918

## Introduction

### Lecture du texte

Il s'agit de l'évocation imagée de l'aventure créatrice du poète et, à l'opposé de l'*avventura* de Reverdy, d'une affirmation devant le désespoir, d'une révolte contre le tragique de la vie.

### Difficultés du texte

Rechercher les mots et les expressions difficiles.

### Présentation du texte

Le poète doit offrir toute son énergie et consacrer sa vie entière, non pour des raisons égoïstes, mais pour le bien de l'humanité collective.

## Préliminaires à l'analyse

### Plan du texte

*Strophe 1*: l'essentiel est accordé à l'avenir moyennant la répétition de l'expression *un feu pour*.

*Strophe 2*: retour à l'isolement et l'aliénation du passé (*la nuit d'hiver*) afin de mieux insister sur le legs d'optimisme qui en provient (*ce que le jour m'avait donné*).

*Strophe 3*: valeur symbolique des images du feu, des flammes et de la chaleur, valeur qui ouvre le poème et le rouvre à sa fin.

## Idée principale

Sans présenter un système philosophisant, Éluard propose la notion fondamentale qu'est la plénitude innée dans l'effort et l'amour partagés (faire *un feu pour être son ami*).

## Étude du texte

Dans ce poème atemporel, analysez l'architecture faite de répétitions et d'allitérations, de vers où le plus court en est le point pivot, de musicalité, d'une optique subjective (l'omniprésence du *je*) et pourtant universelle. Cette infrastructure sous-tend une idée centrale chez Éluard: le poète saisit l'univers par des images et des symboles plutôt que par des formulations construites en termes conceptuels.

## Conclusion

Ce poème capte en bonne mesure la vision de la poésie et de la vie selon Paul Éluard: nulle aspiration frénétique à un au-delà, plutôt un optimisme sans cesse débordant et une lutte constante contre l'indifférence.

# POÉSIE: TEXTES À ANALYSER

## Blaise Cendrars

*J'ai toujours été en route* (extrait)

J'ai toujours été en route
Je suis en route avec la petite Jehanne de France
Le train fait un saut périlleux et retombe sur toutes ses roues ...
5    "Dis, Blaise, sommes-nous bien loin de Montmartre?"
Les inquiétudes
Oublie les inquiétudes
Toutes les gares lézardées obliques sur la route
Les fils télégraphiques auxquels elles pendent
10   Les poteaux grimaçants qui gesticulent et les étranglent
Le monde s'étire s'allonge et se retire comme un accordéon qu'une main
sadique tourmente
Dans les déchirures du ciel, les locomotives en furie
S'enfuient
15   Et dans les trous,
Les roues vertigineuses les bouches les voix
Et les chiens du malheur qui aboient à nos trousses
Les démons sont déchaînés
Ferrailles
20   Tout est faux accord
Le *broun-roun-roun* des roues
Chocs
Rebondissements
Nous sommes un orage sous le crâne d'un sourd ....
         *La Prose du Transsibérien et de la Petite Jehanne de France*, 1913

## Émile Nelligan

*Musiques funèbres*

Quand, rêvant de la morte et du boudoir absent,
Je me sens tenaillé des fatigues physiques,
Assis au fauteuil noir, près de mon chat persan,

J'aime à m'inoculer de bizarres musiques,
5   Sous les lustres dont les étoiles vont versant
Leur sympathie au deuil des rêves léthargiques.

J'ai toujours adoré, plein de silence, à vivre
En des appartements solennellement clos,
Où mon âme sonnant des cloches de sanglots,
10  Et plongeant dans l'horreur, se donne toute à suivre,
Triste comme un son mort, close comme un vieux livre,
Ces musiques vibrant comme un éveil de flots.

Que m'importent l'amour, la plèbe et ses tocsins?
Car il me faut, à moi, des annales d'artiste;
15  Car je veux, aux accords d'étranges clavecins,
Me noyer dans la paix d'une existence triste
Et voir se dérouler mes ennuis assassins,
Dans le prélude où chante une âme symphoniste.

Je suis de ceux pour qui la vie est une bière
20  Où n'entrent que les chants hideux des croquemorts,
Où mon fantôme las, comme sous une pierre,
Bien avant dans les nuits cause avec ses remords,
Et vainement appelle, en l'ombre familière
Qui n'a pour l'écouter que l'oreille des morts.

25  Allons! que sous vos doigts, en rythme lent et long
Agonisent toujours ces mornes chopinades ....
Ah! que je hais la vie et son noir Carillon!
Engouffrez-vous, douleurs, dans ces calmes aubades,
Ou je me pends ce soir aux portes du salon,
30  Pour chanter en Enfer les rouges sérénades!

Ah! funèbre instrument, clavier fou, tu me railles!
Doucement, pianiste, afin qu'on rêve encor!
Plus lentement, plaît-il? ... Dans des chocs de ferrailles,
L'on descend mon cercueil, parmi l'affreux décor
35  Des ossements épars au champ des funérailles,
Et mon cœur a gémi comme un long cri de cor! ....

                                        (1904)

# Guillaume Apollinaire

*Le Pont Mirabeau*

Sous le pont Mirabeau coule la Seine

Et nos amours
Faut-il qu'il m'en souvienne
La joie venait toujours après la peine

5   Vienne la nuit sonne l'heure
Les jours s'en vont je demeure

Les mains dans les mains restons face à face
Tandis que sous
Le pont de nos bras passe
10 Des éternels regards l'onde si lasse

Vienne la nuit sonne l'heure
Les jours s'en vont je demeure

L'amour s'en va comme cette eau courante
L'amour s'en va
15  Comme la vie est lente
Et comme l'Espérance est violente

Vienne la nuit sonne l'heure
Les jours s'en vont je demeure

Passent les jours et passent les semaines
20  Ni temps passé
Ni les amours reviennent
Sous le pont Mirabeau coule la Seine
Vienne la nuit sonne l'heure
Les jours s'en vont je demeure

       *Alcools*, 1913

## Jules Supervielle

*Solitude*

Homme égaré dans les siècles,
Ne trouveras-tu jamais un contemporain?
Et celui-là qui s'avance derrière de hauts cactus
Il n'a pas l'âge de ton sang qui dévale de ses montagnes,
5 Il ne connaît pas les rivières où se trempe ton regard
Et comment savoir le chiffre de sa tête receleuse?
Ah! tu aurais tant aimé les hommes de ton époque
Et tenir dans tes bras un enfant rieur de ce temps-là!
Mais sur ce versant de l'Espace

10    Tous les visages t'échappent comme l'eau et le sable,
      Tu ignores ce que connaissent même les insectes, les gouttes d'eau,
      Ils trouvent incontinent à qui parler ou murmurer,
      Mais à défaut d'un visage
      Les étoiles comprennent ta langue
15    Et d'instant en instant, familières des distances,
      Elles secondent ta pensée, lui fournissent des paroles,
      Il suffit de prêter l'oreille lorsque se ferment les yeux.
      Oh! je sais, je sais bien que tu aurais préféré
      Être compris par le jour que l'on nomme *aujourd'hui*
20    À cause de sa franchise et de son air ressemblant
      Et par ceux qui se disent sur la Terre tes semblables
      Parce qu'ils n'ont pour s'exprimer du fond de leurs années-lumière
      Que le scintillement d'un cœur
      Obscur pour les autres hommes.

                              *Les Amis inconnus*, 1934


## Evelyne Wilwerth

*PAPILLON PAYS BLANC*

      Je t'emmène, papillon. Je t'emmène en voyage. Nous allons prendre
l'avion. Laisse-toi faire. Abandonne-toi. Habitue-toi. Nous entrons dans l'ère des
aventures.

      Déjà propulsés dans la lumière blanche. Immaculée. Tu te colles au hublot. Tu te
5     glisses dans mes cheveux, papillon blanc. Papillon de tendresse. Mer de nuages,
ciel d'écume. Tu choisis mon épaule gauche. Pour plusieurs heures. Moi j'ai les
yeux humides. Déjà, l'Atlantique est traversé. Long trait de lumière.

      Charleston. Surprise par la chaleur aux longues mains humides. Nous pénétrons
dans la moiteur, silencieusement. Nous découvrons très vite la baie. Le port. La
10    longue jetée en bois. Tu te détends davantage, papillon aux veines violettes. Tu te
poses sur mon bras. Nous marchons lentement sur les planches. Les voiliers jettent des éclats blancs. Je m'assieds sur un banc. Tu volètes, soudain rieur. Je rêve
à foison. Je chavire quand tu t'installes sur mon genou droit. Brûlant.

      Nous avons encore soif de blancheur. Alors nous allons nous voluptuer du côté de
15    la Meeting Street. Nous nous soûlons d'architecture. Demeures éclatantes, gor-
gées d'art de vivre. Terrasses alanguies. Patios secrets. Jardins odorants, violemment odorants. Tu t'envoles vers une balustrade blanche. Je voudrais crier. Ou
pleurer. Alors tu fonds vers moi, tu t'enfouis dans ma nuque, papillon aux yeux
transparents. Nous nous arrêtons sous un arbre inconnu. Nous chancelons sous les
20    parfums. Des oiseaux colorés dessinent l'espace. Nous laissons descendre le soir.
Légère impatience.

À présent, nous avons tous deux envie de quelque chose de triste. De triste et de beau. Alors c'est toi qui m'entraînes tout à coup. Vers une plage. La nuit étale ses jupes. Tu me forces à courir, papillon blanc. Et là, au bord de la plage, tu
25 parles enfin. Tu lâches un mot: "violon." L'instrument dont tu as joué pendant des décennies, papillon blanc. Alors nous désirons la même chose, fortement. Qu'un violon jaillisse de la nuit, que son chant s'élève dans la moiteur, que ce chant soit grave et rauque. Qu'il nous submerge d'émotion. Dans une double vibration. Une seule vibration. Papillon blanc. Papillon. Papa. Papa blanc.

30 Toi qui t'es envolé le 22 mai 1995.
Toi qui m'invites à danser.

# EXTRAITS SUPPLÉMENTAIRES

## Honoré de Balzac

*La Recherche de l'absolu* (extrait)

Cette femme avait entendu le pas d'un homme dans une galerie bâtie au-dessus des cuisines et des salles destinées au service de la maison, et par laquelle le quartier de devant communiquait avec le quartier de derrière. Le bruit des pas devint de plus en plus distinct. Bientôt, sans avoir la puissance avec laquelle une
5    créature passionnée comme l'était cette femme sait souvent abolir l'espace pour s'unir à son autre moi, un étranger aurait facilement entendu le pas de cet homme dans l'escalier par lequel on descendait de la galerie au parloir. Au retentissement de ce pas, l'être le plus inattentif eût été assailli de pensées, car il était impossible de l'écouter froidement. Une démarche précipitée ou saccadée effraie. Quand un
10   homme se lève et crie au feu, ses pieds parlent aussi haut que sa voix. S'il en est ainsi, une démarche contraire ne doit pas causer de moins puissantes émotions. La lenteur grave, le pas traînant de cet homme eussent sans doute impatienté des gens irréfléchis; mais un observateur ou des personnes nerveuses auraient éprouvé un sentiment voisin de la terreur au bruit mesuré de ces pieds d'où la vie semblait
15   absente, et qui faisaient craquer les planchers comme si deux poids en fer les eussent frappés alternativement. Vous eussiez reconnu le pas indécis et lourd d'un vieillard ou la majestueuse démarche d'un penseur qui entraîne des mondes avec lui.

(1834)

## Madame de Staël

*De l'Allemagne, II* (extrait) [Nous mettons en italiques des mots-clés.]

Il y a dans un mariage *malheureux* une *force de douleur* qui dépasse toutes les autres *peines* de ce monde. L'*âme entière* d'une femme repose sur l'attachement conjugal: *lutter seule* contre le sort, *s'avancer vers le cercueil sans qu'*un ami vous soutienne, *sans qu'*un ami vous regrette, c'est un *isolement* dont les *déserts de l'Arabie* ne donnent qu'une faible idée; et quand *tout le trésor* de vos jeu-
5    nes années a été *donné en vain*, quand vous *n'espérez plus* pour la fin de la vie le reflet de ses premiers rayons, quand le crépuscule *n'a plus rien* qui rappelle l'aurore, et qu'il est pâle comme un *spectre livide*, avant-coureur de la nuit, votre coeur se révolte, il vous semble qu'*on vous a privée* des dons de Dieu sur la

terre.

(1813)

## Andrée Chedid

*La Main de force* (extrait)

Ce soir, elle le ferait.

Quand les ruelles seront seules avec la lune, étroite comme une jeune fille, elle le ferait.

Il suffirait d'appuyer très fort sur la détente. Une, deux fois. Il ne faut pas
5 que les mains tremblent. Il faut rassembler son cœur, usé par soixante années d'existence, sa pensée qui se fixe mal. Il faut en finir avec cette haine, avec ce tronc où s'agrippent les souvenirs. En finir avec cette présence, avec ce corps, cette voix et ce geste de se gratter la nuque; ce geste toujours pareil, qui remue en vous on ne sait quel désir d'écraser, de détruire.

10 Elle ne pouvait la tolérer plus longtemps cette présence. Étrangère et familière à la fois. Elle aurait voulu que le Nil débordât de son lit pour emporter cet homme. L'engloutir, lui, la maison, et elle aussi, s'il le fallait! Mais les fleuves, comme les gens, ne songent pas à vous secourir.

Tout s'emmêle, tourbillonne, s'évanouit, avant que les mots ne s'y accro-
15 chent. Voilà pourtant que, d'un coup, au bout de quarante ans de résignation, quelque chose se rompait, refusait la minute à venir. Elle qui n'avait jamais pensé à emporter son baluchon et partir sur les routes, que l'habitude de l'ennui et la terreur des coutumes clouaient sur place, voilà que, soudain, elle n'acceptait plus rien.

20 Un fol espoir redressait sa nuque, une lame s'aiguisait qui trancherait la peur avec ses têtes de foire.

Il fallait en finir "en finir." La phrase reprenait comme des battements d'ailes. Il fallait en finir. Pour attendre quoi ....La mort?

Ça ne changerait guère. Elle n'avait été que cela la vie, une longue attente. Elle s'incrustait, sans surprise, entre les enfantements, les travaux recommencés, le vide des silences, les paroles: ces balles creuses qui rebondissent contre les murs.

*L'Étroite peau, La Maison de force*, 1965

## Boris Vian

*L'Arrache-Cœur* (extrait)

Dans l'armoire, ça sentait mauvais. Ça sentait la charogne, très exactement. Il y avait une boîte à chaussures en carton d'où venait l'odeur. Clémentine la saisit et flaira. Dans la boîte, sur une soucoupe, un reste de bifteck achevait de se putréfier. Une pourriture propre, sans mouches et sans asticots. Simplement, il
5 devenait vert et il puait. Affreusement. Elle passa son doigt sur le bifteck, tâta.

Cela cédait facilement. Elle sentit son doigt. Assez pourri. Délicatement, elle saisit le bifteck entre le pouce et l'index et elle mordit avec soin, faisant attention
d'en détacher une bouchée bien nette. C'était facile, c'était tendre. Elle mâchait
avec lenteur, percevant autant la consistance un peu savonneuse de la chair fai-
10  sandée, qui lui faisait une sensation acide derrière les joues, que le parfum puis-
sant s'exhalant de la boîte. Elle en mangea la moitié et le remit dans la boîte
qu'elle repoussa à son emplacement primitif. Il y avait à côté un triangle de fro-
mage à peu près dans le même état, totalement abandonné à son assiette. Elle y
trempa son doigt, le lécha, ceci à plusieurs reprises. À regret, elle referma l'ar-
15  moire et passa dans le cabinet de toilette où elle se lava les mains. Puis elle
s'étendit sur son lit. Cette fois, elle ne vomirait pas. Elle le savait. Maintenant
elle conserverait tout. Il suffisait d'avoir assez faim. Elle y prendrait garde. De
toutes façons, le principe devait triompher: les meilleurs morceaux pour les enfants; elle rit en pensant au début, elle se contentait de manger les rogatons, de
20  finir le gras des côtelettes et du jambon dans leur assiette et de venir à bout des
tartines détrempées de lait qui traînaient autour des bols du petit déjeuner. Mais
ça, n'importe qui peut le faire. Toutes les mères. C'est courant. Les épluchures
de pêches, ça avait été plus difficile déjà. À cause de la sensation de velours sur
la langue. Cependant, les épluchures de pêches, c'est également peu de chose:
25  d'ailleurs bien des gens les mangent avec leur chair. Mais elle seule laissait pour-
rir tous ces rebuts. Les enfants méritaient bien ce sacrifice, et plus c'était affreux,
plus cela sentait mauvais, plus elle avait l'impression de consoler son amour
pour eux, de le confirmer, comme si des tourments qu'elle s'infligeait de la sorte
pouvait naître quelque chose de plus pur et de plus vrai—il fallait racheter tous
30  ces retards, il fallait racheter chaque minute pensée sans eux. Mais elle restait va-
guement insatisfaite, car elle n'avait pu se résoudre encore à absorber les asticots.
Et elle se rendait compte qu'elle trichait en protégeant des mouches les débris
soustraits au garde-manger. Peut-être, en fin de compte, cela retomberait-il sur
leur tête ....

Demain, elle essaierait.

(1953)

## Suzanne Paradis

*Un portrait de Jeanne Joron* (extrait)

En un instant, tout s'illumina: Lascot, Jeanne les chevaux les lieux. Un cha-
pelet d'étoiles filantes bourdonna dans l'espace. Jeanne portait une cape qu'elle
ajusta à mes épaules et dont elle noua les cordons, Lascot tenait par la bride
Zèbre et Bételgeuse qu'il conduisit devant la maison, ma chevelure jusque-là pri-
5  sonnière se dénoua et retomba sur mon dos. Tout s'accomplissait dans un silence
total, sans lourdeur, Jeanne assistait son père (comment appeler son père ce Lascot éblouissant de jeunesse?), adroitement elle secondait ses gestes, suivait ses
mouvements, intervenant à la minute où cela était nécessaire, selon un plan depuis longtemps mis au point. Son visage rayonnait, mais au-delà de la joie, elle

ne souriait pas ou ce sourire était si grave qu'il m'abusa. Lascot enfourcha Bételgeuse et Jeanne m'aida à monter Zèbre, le ciel vibrait d'éclairs fugaces mais si
nombreux que leur lumière emplissait l'espace.

    [Amélie] n'éprouvât pas de véritable inquiétude, mais seulement l'étonne-
ment absolu, extasié, d'une enfant devant cette pluie d'étoiles qui zébraient le
15   ciel d'or et d'argent. Lascot ne la regardait pas, son profil superbe restait tendu
vers l'espace, à l'affût de quelque signal, semblable à un géant à qui le ciel et la
terre obéiraient. Les chevaux ne piaffaient plus. Ramuncho [le chien] s'était couché à la droite de Jeanne, la scène, transposée à une autre époque de l'humanité,
illustrait le départ de quelque chevalier vers un destin guerrier sans doute fatidi-
que.

(1987)

     Comparez les deux textes ci-dessous. Par quels moyens les poè-
tes réussissent-ils à communiquer la mélancolie et son caractère intime, le
rôle qu'y joue la nature dans l'expression des émotions. Essayez de préci-
ser les éléments des poèmes qui sont particuliers à la rêverie.

### Paul Verlaine

*Chanson d'automne*

Les sanglots longs
Des violons
     De l'automne
Blessent mon cœur
5   D'une langueur
     Monotone.

Tout suffoquant
Et blême, quand
     Sonne l'heure,
10  Je me souviens
Des jours anciens
     Et je pleure.

Et je m'en vais
Au vent mauvais
15     Qui m'emporte
Deçà, delà,
Pareil à la
     Feuille morte.

*Poèmes Saturniens*, 1866

## Alphonse de Lamartine

*L'Automne* (extrait)

Salut, bois couronnés d'un reste de verdure,
Feuillages jaunissants sur les gazons épars!
Salut, derniers beaux jours! le deuil de la nature
Convient à la douleur et plaît à mes regards.

5     Je suis d'un pas rêveur le sentier solitaire;
J'aime à revoir encor, pour la dernière fois,
Ce soleil pâlissant, dont la faible lumière
Perce à peine à mes pieds l'obscurité des bois.

Oui, dans ces jours d'automne où la nature expire,
10   À ses regards voilés je trouve plus d'attraits;
C'est l'adieu d'un ami, c'est le dernier sourire
Des lèvres que la mort va fermer pour jamais.

*Méditations Poétiques*, 1820

## Suzanne Paradis

*le temps en petites coupures*

le temps en petites coupures la terre par bandes d'éternité
la silhouette de l'homme à son fil d'étoile une lame entre les dents
ses bras trop grands ferment l'horizon
une humeur de tendresse lui ferme les yeux
5     son vêtement se perd dans le brou des armoires
le temps lui ressemble il a des cils sur les larmes et de la rosée
sous les ongles

c'est lui qui siffle au-dessus des os où il se perche
il dort moins souvent que jadis le temps en petites coupures
10   le prix de la nuit il étreint des soleils ronds et mous
des essaims de planètes fraîches sortent de ses paupières
il crée il meugle aux couleurs dont sa bouche ruisselle
lui dont la silhouette ressemble à celle d'un pendu
la gorge tranchée par le cri il crée
15   et l'objet traverse son corps nu comme une aile de foudre
qui le tache de sang

*Les Chevaux de verre, L'Homme périphérique,* 1979

En vous reportant aux pages 55-56, analysez le **sonnet** suivant. (Notez les indications de certaines **césures** et **coupes**, et de **rejets**.)

### Arthur Rimbaud

*Le Dormeur du val*

C'est un trou de verdure / où chante une rivière
Accrochant follement aux herbes des haillons
*D'argent*; / où le soleil, / de la montagne fière
*Luit*: / c'est un petit val qui mousse de rayons.
5  Un soldat jeune, / bouche ouverte, / tête nue,
Et la nuque baignant / dans le frais cresson bleu,
*Dort*: / il est étendu / dans l'herbe, / sous la nue,
Pâle dans son lit vert / où la lumière pleut.

Les pieds / dans les glaïeuls, / il dort. / Souriant comme
10  Sourirait un enfant malade, / il fait un somme.
Nature, / berce-le chaudement, / il a froid.
Les parfums ne font pas frissonner sa narine;
Il dort dans le soleil, / la main sur sa poitrine
Tranquille. / Il a deux trous rouges / au côté droit.

(1870)

# LEXIQUE BILINGUE*

*Attention aux éléments en *italique:* ils indiquent des interférences d'orthographe entre l'anglais et le français.

| Anglais | Français |
|---|---|
| **Substantifs** | |
| act | acte, m |
| affective value | valeur affective, f |
| affectivity | affectivité, f |
| aim, goal, purpose | but, dessein, m, intention, f |
| ambiguity | ambiguïté, équivoque, f |
| anecdote | anecdote, f |
| antagonist | antagoniste, m |
| antithesis | antithèse, f |
| approach | approche, f |
| arch*e*type | arch*é*type, m |
| atmosphere | atmosphère, ambiance, f, climat, m |
| attempt | tentative, f |
| audience | auditoire, public, m, salle, f spectateurs / -trices, m/f |
| author, writer | auteur, écrivain, m |
| background | fond, m, arrière-plan, m |
| balance | équilibre, m |
| basis | essence, f, axe, m, en fonction de |
| *cha*racter (nature) | *ca*ractère, m, nature, f |
| character (in a work) | personnage, m |
| character study | analyse, étude, peinture de caractère, f |
| chronicle | chronique, f |
| cla*rity* | cla*rté*, f |
| climax | sommet, comble, m |
| cl*osu*re | cl*ôtu*re, f |
| coding | codage, m |
| collection (of poems) | recueil, m |
| combination | mélange, m, alliance, f |

| | |
|---|---|
| commonplace | lieu commun, m |
| compar*i*son | compar*ai*son, f |
| concern | préoccupation, f, souci, m |
| confl*ict* | confl*it*, m |
| contents | contenu, fond, sujet, m |
| criterion | critère, m |
| critic (the person) | critique, m |
| criticism, critique | critique, f |
| device | procédé, m |
| diary | journal, m |
| distancing | distanciation, f |
| documentary | documentaire, m |
| dramatist, playwright | dramaturge, m |
| eff*ect* | eff*et*, m |
| ellip*sis* | ellip*se*, f |
| emphasis, stress | accent, m, mise en valeur / relief / évidence, f |
| epic | épopée, f |
| episode | épisode, m |
| epithet | épithète, f |
| epo*ch* | épo*que*, f |
| era | ère, f |
| essay | essai, m |
| esthetic*s* | esthéti*que*, f |
| excerpt, extr*act* | extr*ait*, passage, morceau, m |
| exot*icism* | exot*isme*, m |
| experience | expérience, f |
| fant*a*sy | fant*ai*sie, f |
| feature | trait, m, caractéristique, f |
| focalisation,concentration | focalisation, visée, f |
| for*m* | for*me*, f |
| framework | cadre, m |
| hermeneutic*s* | herméneuti*que*, f |
| her*o* | hér*os*, m |
| hero*i*ne | héro*ï*ne, f |
| hero*i*sm | héro*ï*sme, m |
| high point | point culminant, sommet, m |
| hum*or* (mood) | hum*eur*, f |
| hum*or* (comic sense) | hum*our*, m |
| image | image, f |
| imager*y* | imager*ie*, f, réseau (m) / constellation (f) d'images |
| incisiveness | netteté, f |
| insight | perspicacité, f |
| intertextuality | intertextualité, f |
| key image | image-clé, f |
| ___ word | mot-clé, m |

| | |
|---|---|
| ___ theme | thème-clé, m |
| leitmot*if* | leitmot*iv*, m, leitmot*ive*, pl |
| level | niveau, plan, m |
| line (of poem) | vers, m |
| line (of prose) | ligne, f |
| link | lien, rapport, m, attache, f |
| li*t*erature | li*tt*érature, f |
| lyr*icism* | lyr*isme*, m |
| manuscr*ipt* | manuscr*it* |
| masterpiece | chef-d'œuvre, m |
| mastery | maîtrise, f |
| meaning | sens, m, signification, f |
| memory (thought process) | mémoire, f |
| memory (remembrance) | souvenir, m |
| metapho*r* | métapho*re*, f |
| mood (state of mind) | état (m) d'âme / d'esprit |
| motive (motivation) | motif, m, mobile, m |
| motive (ulterior) | mobile, m |
| myt*h* | myt*he*, m |
| narration, narrative | narration, f, narratif, récit, m |
| narrator | narrateur / -trice, m/f |
| novelist | romancier / -cière, m/f |
| ode | ode, f |
| opportuneness | opportunité, f |
| opportunity | occasion, f |
| opposing images | images oppositionnelles, f |
| optic*s*, point of view | opti*que*, f |
| outcome | dénouement, m |
| outline, plan | plan, m |
| parado*x* | parado*xe*, m |
| parallelis*m* | parallélis*me*, m |
| pathos | pathos, pathétique, m |
| performance | représentation, f |
| plausibility | vraisemblance, f |
| plot | intrigue, trame, f |
| po*em* | po*ème*, m |
| po*et* | po*ète*, m |
| poetic*s* | poéti*que*, f |
| poetry | poésie, f |
| point of view | point de vue, champ de perception, angle de vision, m, optique, f |
| polem*icist* | polém*iste*, m |
| polemic*s* | polémi*que*, f |
| politic*s* | politi*que*, f |
| pomposity, bombast | emphase, f |
| precurs*or*, forerunner | précurs*eur*, avant-coureur, m |
| predecess*or* | prédécess*eur*, devancier, m |

| | |
|---|---|
| process | processus, m |
| prose | prose, f |
| protagonist | protagoniste, m |
| quotation | citation, f |
| quotation marks | guillemets, m |
| reader | lecteur / -trice, m/f |
| reading | lecture, f |
| redund*ancy* | redond*ance*, f |
| referent | référent, m |
| refle*ct*ion (thought) | réfle*x*ion, méditation, f |
| reflection (of light ...) | reflet, m |
| refrain | refrain, m |
| relationship, rapport | rapport, m, relation, analogie, parenté, correspondance, f |
| reversal | renversement, revirement, m |
| *rhy*me | *ri*me, f |
| *rhy*thm | *ry*thme, m |
| romant*icism* | romant*isme*, m |
| satirist | satirique, m |
| scope | portée, ampleur, f, champ, m ressort, m |
| sensitivity, sensitiveness | sensibilité, f |
| sequ*el* | séqu*elle*, f |
| setting | décor, cadre, m |
| shift | passage, m, modulation, f, transition, f |
| shifter | embrayeur, m |
| similarity | similitude, ressemblance, f |
| sketch | esquisse, ébauche, f croquis, m |
| solilo*quy*, monologue | solilo*que*, m, monologue, m |
| sonnet | sonnet, m |
| stanza | strophe, f |
| statement | constatation, f, énoncé, m |
| stress | accent, appui, m |
| style | style, m |
| stylistic*s* | stylisti*que*, f |
| su*bject* | su*jet*, thème, contenu, m |
| sub*tle*ty | sub*tili*té, f |
| substance | fond, m, essence, f |
| summary | résumé, m |
| sylla*ble* | sylla*be*, f |
| sy*mm*etry | sy*mé*trie, f |
| technique | technique, f, procédé, m |
| thematic*s* | thémati*que*, f |
| tirade | tirade, f |
| title | titre, m |
| titling | titraison, f |

| | |
|---|---|
| tone | ton, accent, m, tonalité, f, résonance, f |
| topic | thème, sujet, m |
| unfolding | déroulement, développement, m |
| use | emploi, usage, m |
| variant | variante, f |
| verse (of poetry) | vers, m |
| work | œuvre, f, ouvrage, m |

## Adjectifs

| | |
|---|---|
| absorbing | passionnant |
| abstr*act* | abstr*ait* |
| ambiguous | ambigu / -güe, équivoque, m/f |
| basic | fondamental, essentiel, foncier / -cière |
| bored | ennuyé |
| boring | ennuyeux |
| bri*lli*ant | génial, bri*ll*ant |
| circular, cyclical | circulaire, cyclique |
| classic(al) | classique |
| commonplace | banal |
| conscious | conscient |
| creative | créateur / -trice |
| customary | d'usage |
| deep | profond |
| deep-seated/ -rooted | foncier / -cière, primordial |
| diffuse | prolixe, diffus |
| dramatic | dramatique |
| effective | efficace |
| elusive | insaisissable |
| epic | épique |
| esthetic | esthétique |
| evocative | évocateur / -trice |
| experienced | expérimenté |
| expression*istic* | expression*niste* |
| famous | célèbre |
| fictitious | fictif / -ive |
| figurative | figuré |
| form*al* | form*el* |
| formless | informe |
| gratuitous | gratuit |
| hackneyed | rebattu, banal |
| humorous | humoristique |
| ideali*stic* | idéali*ste* |
| impression*istic* | impression*niste* |
| incisive | incisif / -ive |
| inexperienced | inexpérimenté |
| *inno*vative | *no*vateur / -trice |

| | |
|---|---|
| li*t*eral | propre, li*tt*éral |
| li*t*erary | li*tt*éraire |
| lively | mouvementé, vif / -ive, plein de verve |
| lyric(al) | lyrique |
| metaphor*ical* | métaphor*ique* |
| *m*oving, touching | *ém*ouvant, touchant |
| novelistic | romanesque |
| oblivious | inconscient |
| obvious | évident |
| opportune | opportun |
| overall | d'ensemble |
| parodi*stic* | parodi*que* |
| perfect | achevé, parfait |
| pi*ctu*resque | pi*tto*resque |
| pivotal | pivot, crucial, -clé |
| plausible, believable | vraisemblable, croyable |
| pompous, bombastic | emphatique, ampoulé |
| reali*stic* | réali*ste* |
| recurring | récurrent, obsessionnel |
| relevant | pertinent |
| revealing | révélateur / -trice |
| sensitive | sensible |
| sensory | sensoriel |
| significa*nt* | significa*tif* / *-tive* |
| spontaneous | spontané |
| sub*tle* | sub*tile* |
| trite, banal | ressassé, usagé, banal |
| unattainable | hors d'atteinte, inacessible |
| val*id* | val*able* |
| varied | divers, varié |
| vivid | imagé, vivant |

## Verbes

| | |
|---|---|
| allude to | faire allusion à |
| anticipate | préfigurer |
| base on | fonder / s'appuyer sur, s'orienter autour de |
| bring out, enhance | faire ressortir, dégager |
| center about / around | s'ordonner autour de, se rapporter au même centre de (idées...) |
| claim, maintain | prétendre, soutenir |
| clarify | éclaircir, élucider |
| combine | mêler, allier, unir à, joindre à |
| compare | comparer à, rapprocher de |
| concern, deal with | traiter de, porter sur, regarder, avoir rapport / trait à, s'agir de (toujours avec |

| | |
|---|---|
| | *il* impersonnel) |
| concern oneself with | s'intéresser à |
| consist of | consister en (+ verbe), consiste en (+ substantif), se composer de |
| contrast with, oppose to | contraster avec, (s') opposer à |
| convey, transmit, put across | véhiculer |
| correspond to | correspondre à, se rapporter à, répondre à |
| demo*nst*rate | faire preuve de, démo*nt*rer |
| depend on | dépendre de, reposer sur |
| describe | décrire |
| devote | consacrer à, vouer à |
| differ | différer de, se séparer de |
| disclose | découvrir, révéler, faire voir |
| distance oneself | se distancier de |
| effect | opérer |
| embody | incarner |
| embrace, encompass | englober |
| emphasize, stress | mettre en valeur / relief / évidence, mettre l'acccent sur, accentuer |
| entertain | divertir, distraire, amuser |
| evoke | évoquer, faire appel à, (r)appeler |
| exert | exercer |
| expect | s'attendre à |
| experience | connaître, vivre, subir |
| express | exprimer |
| extol, praise | louer, célébrer, glorifier |
| focus | focaliser, viser |
| *fu*nction | fonctionner, faire fonction de |
| handle | manier, mener |
| include, comprise | comprendre, comporter |
| interrupt | interrompre |
| intervene | intervenir |
| lend itself to | se porter à, se prêter à |
| make specific | préciser |
| mean | signifier, indiquer |
| occur | se passer, se dérouler, se situer, se produire, avoir lieu, figurer |
| outline, sketch | esquisser |
| persist | persister, continuer à, s'acharner à |
| picture, portray, depict | (dé)peindre |
| point out | signaler, relever |
| prevail | dominer, l'emporter sur |
| quote | citer |
| reach | atteindre, parvenir à |
| *re*appear | *re*paraître |
| *re*call | *ra*ppeler, faire écho à |

| | |
|---|---|
| reflect (meditate) | réfléchir sur |
| reflect (reveal) | refléter |
| *rein*force | *ren*forcer |
| resort to | recourir à |
| retort | répliquer, riposter |
| renew | renouveler |
| return to | se reporter à, revenir sur, remonter à |
| reveal | révéler, dévoiler |
| show up, stress, point out | mettre en évidence, témoigner de |
| specify | préciser |
| stress | insister sur |
| summarize | résumer |
| typify | caractériser |
| underline, underscore | souligner |
| underly | sous-tendre |
| unfold | se dérouler, se développer |
| use | employer, se servir de |

**Expressions diverses**

| | |
|---|---|
| at the bottom (of a page) | au bas (de la page) |
| at the top (of a page) | au haut (de la page) |
| at the outset, first | au début, dès le début |
| at the same time | en même temps (*le poète compose deux œuvres* en même temps); à la fois (*le roman est* à la fois *faible et puissant*) |
| as an ex*a*mple | à titre d'ex*e*mple |
| *auth*orial intervention | interpolation *auct*oriale |
| consequently, as a result | par conséquent, en conséquence |
| in a figurative sense | au (sens) figuré |
| in a literal sense | au (sens) propre |
| interior monologue | monologue intérieur |
| in the broadest sense of the term | au sens le plus large du terme |
| in the preceding paragraph | dans le paragraphe précédent |
| juxtapositional imagery | imagerie juxtapositionnelle |
| multiple sense imagery | imagerie (qui fait appel) à sens multiples |
| main character | personnage principal |
| minor character | figurant |
| secondary character | personnage secondaire |
| moreover | d'ailleurs, du reste, de plus |
| on the other hand, on the contrary | en revanche, par contre |
| pivotal character | personnage sphère |
| pivotal scene | scène pivote |
| play / novel within a play / novel | pièce mise / roman mis en abîme |
| specifically | en l'occurrence |
| stylistic device | figure de style |

| | |
|---|---|
| the chapter (quoted) above | le chapitre (cité) ci-dessus, plus haut |
| the sentence (quoted) below | la phrase (citée) ci-dessous, plus bas |
| throughout, all through | tout au long de, du (depuis le) début à jusqu'à) la fin |
| to conclude | pour conclure, en conclusion |
| to exert an influence on | exercer une influence sur |
| to make a comparison between | établir une comparaison entre |
| turning point | point pivot / tournant, point de partage |